Na seara do Mestre

Vinícius

Na seara do Mestre

Copyright © 1951 *by*
FEDERAÇÃO ESPÍRITA BRASILEIRA – FEB

10ª edição – Impressão pequenas tiragens – 4/2025

ISBN 978-85-7328-618-2

Todos os direitos reservados. Nenhuma parte desta publicação pode ser reproduzida, armazenada ou transmitida, total ou parcialmente, por quaisquer métodos ou processos, sem autorização do detentor do *copyright*.

FEDERAÇÃO ESPÍRITA BRASILEIRA – FEB
SGAN 603 – Conjunto F – Avenida L2 Norte
70830-106 – Brasília (DF) – Brasil
www.febeditora.com.br
editorial@febnet.org.br
+55 61 2101 6161

Pedidos de livros à FEB
Comercial
Tel.: (61) 2101 6161 – comercial@febnet.org.br

Adquirindo esta obra, você está colaborando com as ações de assistência e promoção social da FEB e com o Movimento Espírita na divulgação do Evangelho de Jesus à luz do Espiritismo.

Dados Internacionais de Catalogação na Publicação (CIP)
(Federação Espírita Brasileira – Biblioteca de Obras Raras)

V785s   Vinícius, 1878–1966

    Na seara do mestre / Vinícius. – 1. ed. – Impressão pequenas tiragens – Brasília: FEB, 2025.

    168 p.; 21 cm

    ISBN 978-85-7328-618-2

    1. Jesus Cristo – Interpretações espíritas. 2. Espiritismo. I. Federação Espírita Brasileira. II. Título.

CDD 133.9
CDU 133.7
CDE 20.03.00

Sumário

Aos obreiros do Senhor 7

Ano novo 11

A Parábola dos dois filhos 13

Considerações sobre o Natal 21

A Verdade e o dogma 25

A nossa loucura 27

Reflexões 31

Parábola do filho pródigo 33

O último inimigo a vencer 43

Não se turbe o vosso coração 45

Os pés 47

O grande pecado 49

Bem-aventurados os humildes de espírito 51

O segredo da vida 59

Quem dizeis vós que Eu sou? 61

A evolução da guerra 65

A vide e os sarmentos 69

O mordomo infiel 73

Espiritualidade 81

Vaidade 85

Os problemas da vida 89

O cego de nascença 93

Corpo terrestre e corpo celeste 97

O fim da guerra 99

A boa parte 103

Não ajuntam em celeiros 111

Os três batismos:
o da água, o do fogo e o do Espírito 113

A razão e a fé à luz dos evangelhos 127

A necessidade do momento 137

A Igreja Viva 141

Evolução e educação 143

Perdão (reflexões) 145

O problema do destino 147

No princípio era o Verbo 149

A multiplicação dos pães 153

O dom de Deus 159

Fiat lux 163

Deus na Natureza 165

Aos obreiros do Senhor

Constitui funesto erro o supor-nos senhores e detentores da obra ingente e sobre-humana da regeneração social, ou seja, da redenção das almas aqui encarnadas. Essa obra não é nossa. Não temos a envergadura e os requisitos para o desempenho de semelhante missão.

Por misericórdia nos foi outorgada a oportunidade de desempenharmos certas tarefas de pouca monta dentro da imensidade daquele labor, de acordo com as nossas restritas e acanhadas possibilidades. Dizemos por misericórdia, porque se trata de facultar aos devedores os meios de ressarcirem seus débitos atrasados. A parte que toca a cada um de nós pode ser comparada às sombras de um grande quadro. Tomar, portanto, esta parte ínfima como sendo o quadro completo, é simplesmente irrisório. Demais, essa pretensão pode inutilizar-nos, tornando-nos incapazes de fazer o mínimo de que fomos incumbidos. Seremos, nessa hipótese, substituídos, talvez com vantagem para a consecução da obra, e grande desproveito para nós.

Não devemos supor que temos sobre nossos ombros o peso de responsabilidades que vão muito além das nossas forças. Deus não se equivoca nos programas que traça. Não nos exaltemos para que não sejamos humilhados. Consideremo-nos como obreiros de baixa classe, que realmente somos, cumprindo-nos sempre agir na esfera que nos foi determinada pelos legítimos executadores da majestosa edificação.

Não nos julguemos indispensáveis, nem mesmo necessários, por isso que das próprias pedras Deus pode suscitar filhos de Abraão. Outrossim, não computemos o tempo em nosso abono, porque há últimos que serão primeiros e primeiros que se tornarão derradeiros. Tampouco consideremos o vulto do que temos feito, porquanto o valor das nossas obras não se aquilatara pela quantidade, mas pela qualidade. Lembremo-nos da ligação que nos oferece a Parábola dos trabalhadores das diversas horas do dia. A balança da Divina Justiça não acusa o peso material das nossas realizações, porém registra, com a máxima exação, a essência dos nossos feitos, isto é, os fatores ou motivos que os determinaram. A originalidade daquela balança está em desprezar o que se vê, para considerar o que não se vê. Se assim não fora, só os argentários lograriam realizar obras meritórias.

Identifiquemo-nos, cada um de nós, com a parcela mínima do trabalho que nos foi determinado. Se devemos carregar a caçamba de reboco, não queiramos levantar colunas e erguer capitéis e pilastras. Melhor faz, e mais mérito tem, o servente humilde que não se descuida de seu mister, do que o oficial cuja imperícia e leviandade se tornam motivo de escândalo para todos. Transportemos a nossa pedra com boa vontade, sem presunção, pois o Supremo Arquiteto tomará na devida conta a nossa perseverança.

Há obreiros humildes que passaram despercebidos aos olhos dos homens, e hoje desfrutam, no Além, posição de destaque, "pois aqueles que me foram fiéis no pouco, o muito lhes será confiado", conforme ensina a Parábola dos talentos. Outros há, cujos feitos o mundo encarece, completamente desconhecidos nos tabernáculos eternos. Os olhos de Deus não veem como os humanos. A sua potência visual penetra o âmago e os recônditos mais ocultos, enquanto a dos homens só descortina as exterioridades sempre ilusórias e enganadoras.

Muito recebe o que nada espera. Portanto, tomemos na merecida conta a seguinte advertência do Mestre:

"Depois de terdes feito tudo o que vos foi ordenado, dizei: Somos servos inúteis, pois só fizemos o que devíamos fazer." (*Lucas*, 17:10.)

"Ninguém pense de si mesmo mais do que convém." Vigiemos e oremos, para que não se enfunem as velas da vaidade, arrastando o nosso barco para o sorvedouro. Não nos iludamos com as aparências. Toda obra que se cristaliza no personalismo já está condenada, porque importa no cabouqueiro arvorado em arquiteto.

Afastemos, pois, da nossa mente, a falsa e perigosa ideia de sermos *dirigentes*, quando realmente devemos ser os *dirigidos*.

O Espiritismo é doutrina dos Espíritos. Foi revelada por eles e compilada por Kardec. Seu objetivo é espiritualizar as almas reclusas no calabouço da carne, a fim de libertá-las. Seu reino, o de Jesus, cuja moral veio restaurar em sua primitiva pureza, não é deste mundo.

Será, pois, de cima que virá sempre a ordem de comando. Sejamos servos diligentes e despretensiosos. Resignemo-nos a obedecer se quisermos, de fato, realizar, nesta existência, obra meritória.

Tudo o mais são vaidades que se constituirão em fonte de decepções e de amarguras.

Ano novo

Serão novos os anos que passam, os séculos e os milênios que se sucedem na ampulheta do tempo? Não são. O tempo, qual o concebemos, não passa de uma ilusão. Não há tempos novos, nem tempos velhos. O tempo é sempre o mesmo, porque o tempo é a eternidade. Todas as mudanças que constatamos em nós e em torno de nós são produtos da transformação da matéria. Esta, realmente, passa por constantes modificações. A mutabilidade é inerente à matéria e não ao tempo.

A matéria é volúvel como as ondas e instável como as nuvens que se movimentam no espaço, assumindo variadas conformações que se sucedem numa instabilidade constante.

O nosso envelhecimento não é obra do tempo como costumamos dizer. É a matéria que se vai transformando desde que entramos no cenário terreno. Nascemos, crescemos, atingimos as cumeadas do desenvolvimento compatível com a natureza do nosso corpo. Após esse ciclo, as mudanças tornam-se menos rápidas. Há como que ligeiro repouso. Depois, segue-se a involução, isto é, o curso descendente que nos leva à velhice, à decrepitude e à morte, quando esta não intervém acidentalmente, pelas moléstias, cortando o fio da existência em qualquer de suas fases.

Todos esses acontecimentos nada têm que ver com o tempo. Trata-se de manifestações da evolução da matéria organizada, vitalizada e acionada pela influência do Espírito.

O Espírito é tudo. Por ele, e para ele, é que as moléculas se agrupam, se associam, tomando forma, neste ou naquele meio, na Terra ou em outras infinitas moradas da casa do Pai, que é o Universo.

Na eternidade e na imensidade incomensurável do espaço, o Espírito se agita procurando realizar o senso da Vida, que é a evolução. Para consumá-la, percorre as incontáveis terras do Céu. Veste e despe centenas de indumentos, assumindo milhares de formas e aspectos.

A matéria é seu instrumento, e o meio através do qual ele consegue a sua ascensão ininterrupta.

Nada significam, portanto, os anos que passam e os anos que despontam nos calendários humanos. O importante na vida do Espírito são as arrancadas para a frente, são as etapas vencidas, o saber adquirido através da experiência, e as virtudes conquistadas pela dor e pelo amor. O que denominamos — passado — é apenas a lembrança de condições inferiores por onde já transitamos. De outra sorte — o futuro não é mais que a esperança que nutrimos de alcançar um estado melhor. O presente eterno, eis a realidade.

Encaremos assim o tempo e, particularmente, o ano novo que ora se inicia. Façamos o propósito de alcançar no seu transcurso a maior soma possível de aperfeiçoamento.

É o que, de coração, desejamos aos nossos leitores.

A Parábola dos dois filhos

"*Um homem tinha dois filhos. Chamando o primeiro, disse-lhe: 'Filho, vai, hoje, trabalhar na minha vinha'. Este, porém, retruca: 'Não quero ir'. Mais tarde, tocado de arrependimento, foi. Chegando-se ao segundo, disse-lhe o mesmo, isto é: 'Vai trabalhar na minha vinha'. 'Irei, senhor', retrucou o filho, mas não foi. Qual dos dois fez a vontade do pai?*".

(MATEUS, 21:28 a 31.)

Eis o conto evangélico em sua singeleza arrebatadora. Meditemo-lo. Comecemos analisando as personagens que nele figuram. Trata-se apenas de um pai e dois filhos. Aquele, como imagem da Divindade, estes personificando os homens em geral. O pai dirige a ambos os filhos o mesmo apelo: Ide, hoje, trabalhar na minha vinha. Um deles acolhe favoravelmente o convite, prometendo atendê-lo, porém fica somente na promessa. Outro, rejeitando, de modo peremptório, o chamamento paterno, declara abertamente que não irá; mais tarde, refletindo, arrepende-se e vai. Qual dos dois fez a vontade do pai? Tal a pergunta.

A parábola põe em evidência as duas mentalidades religiosas de todos os tempos: a aparente e a real; aquela que se manifesta em intenções e promessas, em aparências e exterioridades, cultos e cerimoniais; e a que se revela em fatos concretos, no procedimento e na conduta retilínea ditada pela consciência dos crentes. Uma, que se pode, com justeza, comparar às parras, e outra, aos frutos abundantes e sazonados. Essas duas categorias de religiosos estão, pois, prefiguradas nos dois filhos: um que diz: "Já vou, meu pai", deixando, porém, de cumprir o prometido. Outro que se nega francamente a anuir à solicitação paterna; todavia, ulteriormente, refletindo, arrepende-se e vai.

Quando, pois, quisermos saber onde estão os cristãos, devemos procurá-los, não entre os que exteriormente se dizem tais, mas no meio daqueles cujos atos reflitam o espírito de justiça, tolerância, renúncia e fraternidade, únicos característicos que assinalam os verdadeiros discípulos de Jesus. É pelos frutos e não pelas ramas e folhas que se conhece a árvore. *Res, non verba* [Fatos e não palavras].

Encaremos, em seguida, outro aspecto importantíssimo deste modesto conto evangélico.

Notemos bem a atitude do pai daqueles dois filhos, pois essa atitude reflete claramente as condições em que os homens se acham em relação a Deus, o Pai comum de toda a Humanidade. Ele dirigiu aos filhos um simples e natural chamamento, e o fez de modo que eles pudessem, sem constrangimento, aceitá-lo ou não. Não prometeu recompensas e favores ao que o atendesse, nem punição ao que o desobedecesse. Concedeu-lhes liberdade de ação. Espelha-se aí, nitidamente para os que tiverem olhos de ver, as relações em que estamos, nós, os homens, em face da Lei Natural que nos rege os destinos. A lei é clara e simples, serena e justa. Um apelo, apenas: "Vai, hoje, trabalhar na minha vinha", isto é, cumpre o teu dever; corrige-te, aperfeiçoa-te procurando conhecer-te a ti mesmo. Não faças a outrem o que não desejas que os outros te façam. Ama o próximo como a ti mesmo, de vez que a cada um será dado segundo as suas obras, e não conforme a crença que adote, ou, ainda, as cerimônias que pratique. Naquele dia, muitos dirão: "Senhor, Senhor, nós profetizamos em teu nome, entoamos cânticos em teu louvor, expelimos demônios e obramos milagres invocando tua presença; mas eu lhes direi abertamente: Não vos conheço; apartai-vos de mim, vós todos que vivestes na iniquidade". (*Mateus*, 7:22 e 23.) Ainda uma vez: *Res, non verba*.

São dignas de nota as lições desta historieta cuja simpleza condiz tão bem com a humildade e a sabedoria da escola cristã. Quanta nobreza e eloquência encerra a compostura do pai destes dois filhos! Na sua serenidade, vê-se que ele conhece profundamente o temperamento dos filhos e sabe a maneira eficaz de conduzi-los. Conhece também as consequências — decorrentes da desobediência — que recairão sobre eles. Age, por isso, como onisciente e onipotente. Não tem pressa: confia e espera. Não ameaça com penalidades os desobedientes, nem acena com prêmios e pagas para ser atendido e respeitado. Não quer servos nem lacaios: quer filhos que reflitam o caráter e as qualidades paternas. Portanto, não age nem humilha: dá liberdade.

Repetimos: quanta nobreza e quanta excelência na atitude dessa figura paterna concebida e plasmada pelo Divino Mestre para nos instruir e esclarecer acerca das relações entre Deus e os homens! Está patente, neste transe da parábola, o livre-arbítrio relativo que gozamos. Em tal, importa a condição de responsabilidade, e, consequentemente, do mérito ou demérito de cada um.

A liberdade é o meio de realizar a evolução dos seres racionais e conscientes. Sem ela não há ação imputável. Dizem que a liberdade é perigosa. Seja; todavia é só no regime da liberdade que se consegue promover o aperfeiçoamento individual. Sem essa condição, jamais se logrará formar e consolidar caracteres, jamais se conseguirá criar personalidades. O bem e o belo, as artes sob suas várias modalidades, as especulações científicas e filosóficas, assim como o sentimento de dignidade e altruísmo, só medram nos climas desanuviados, forros de restrições humilhantes, nos terrenos abertos, banhados pela luz e pelo calor vivificantes do sol da liberdade. A servidão e a doblez são incompatíveis com aqueles que já descobriram em si a origem divina, a centelha sagrada que refulge em suas almas.

Tirai, diz o eminente tribuno e filósofo Castelar, a liberdade da arte, e a arte converter-se-á em algo mais instintivo que o canto das aves; tirai-a do trabalho, e o trabalho se transformará no movimento cego e monótono das máquinas; tirai-a dos afetos, e os afetos, essas grandes molas espirituais, se reduzirão a alguma coisa menos apreciável que os amores brutais das feras; tirai-a da política, e os povos cairão na indiferença, no marasmo e na apatia sonolenta dos muçulmanos; tirai-a da moral e não haverá mais ação imputável, desaparecendo a responsabilidade; tirai-a, finalmente, da religião e tereis convertido esse liame divino, esse código sublime para a vida e para a morte, em ordenança de polícia, fazendo de Deus agente de ordem pública, esse mesmo Deus que deu a lei de atração aos mundos, para que cumpram a sua eterna harmonia, e a lei da liberdade aos homens, para que estabeleçam uma harmonia mais excelente ainda: a harmonia da justiça.

A ideologia cristã é essencialmente liberal. O seu objetivo é tornar os homens independentes, conforme se infere de todos os postulados evangélicos. São Paulo, o destacado vexilário da fé, dizia com entusiasmo: "Onde há o espírito do Cristo, aí há liberdade". (*II Coríntios*, 3:17.) A recíproca a essa sentença não pode deixar de ser esta outra: Onde domina a servidão, ostensiva ou disfarçada, em todas as esferas de atividade humana, servidão imposta à força ou mantida por meios e processos dissimulados, aí reina o anticristo.

No entanto, ao fazermos a apologia da liberdade como direito natural, apressamo-nos em declarar que todo direito nasce do dever. Quem não cumpre os seus deveres acabará perdendo os seus direitos, isto não só em relação aos indivíduos como também no que respeita aos povos e às nações. Aqui se funda o dizer de Jesus: "Permanecendo nas minhas palavras, sereis meus discípulos e conhecereis a verdade e a verdade vos fará livres". (*João*, 8:31 e 32.) Na verdade, no curso da vida, resume-se no dever de viver, e viver honestamente, honrando e dignificando a vida, tanto a própria quanto a alheia, de vez que a vida é a suprema graça, é a herança sagrada havida do Pai Celestial.

***

Respigando ainda na seara fértil que se nos depara nesta passagem, consideremos a obediência sob seu duplo aspecto, isto é, como virtude que faz jus ao respeito e à admiração, e como expressão de fraqueza ou de vilania.

A obediência só é virtude, e, nesse caso, digna de ser cultivada, quando é espontânea, voluntária e natural, exatamente como no gesto de um dos protagonistas da parábola ora em estudo. É essa obediência que devemos ao nosso Criador e para a qual Ele nos deseja conquistar. Sim, notemos bem, dizemos conquistar, porque Deus não impõe: conquista, granjeia a obediência de seus filhos. A espontaneidade é o característico essencial de toda virtude. A obediência constrangida, determinada por autoridade, por mais legítima que se pretenda essa autoridade, carece de valor moral. A obediência que procede do terror é covarde, é simulada; a que resulta do interesse, ou seja, do propósito de alcançar recompensas presentes ou futuras é venal. Aquele que obedece por medo é pusilânime, e o que faz visando a lucros é negocista. Em nenhum dos casos existe virtude, ambos revelam frouxidão de caráter. Importa, outrossim, em verdadeira heresia pretendermos obedecer ou agradar a Deus para evitar punições ou obter favores. Ele sonda os recônditos mais íntimos do coração humano e conhece perfeitamente bem quais os fatores que determinam os nossos atos e as nossas atitudes. Cumpre, pois, que o obedeçamos assim como o devemos adorar: em espírito e em verdade, tal como Jesus ensinou à mulher samaritana.

Os que se amoldam à falsa obediência constrangem a consciência própria, envilecem-se e se degradam. Aqueles, porém, que cultivam a verdadeira, promovem a emancipação pessoal, acelerando o curso de sua evolução. Tal é a obediência nobre e altiva do homem livre que, de moto próprio, delibera e age, assim como procedeu, atentemos bem, um dos filhos da parábola que estamos comentando. Aquela outra é a obediência do escravo que se movimenta e se agita, ora temendo o azorrague, ora visando a proventos. Tanto o medo como a cobiça são manifestações positivas de inferioridade. A obediência-virtude, que exclui cálculos, é lúcida, é fruto do raciocínio, é filha da gratidão. Aquele moço que, a princípio, rejeitou o convite paterno, mais tarde, entregue às suas próprias cogitações, arrependeu-se, e, voluntariamente, tomou a resolução de ir à vinha do pai. O arrependimento é consequência natural da confissão íntima da conduta individual. Logo, a obediência-virtude nasce da luz, é luminosa, é racional. O filho desobediente que aparece neste apólogo foi vencido pelo sentimento da gratidão que aflorou em sua consciência. Ele reconheceu o direito paterno, originado do amor, desse amor que leva os pais a renunciarem a tudo pela felicidade dos filhos.

Esse é, em realidade, o sentimento que Deus suscita no coração dos pecadores, seus filhos transviados.

***

Insistimos ainda na natureza daquele pedido suave e doce que o bondoso e sereno genitor dirigia aos seus filhos: "Ide, hoje, trabalhar na minha vinha".

Ide, hoje.

O chamamento divino tem sempre esse cunho de atualidade. A hora vem e agora é; são chegados os tempos — assim dizia, há vinte séculos, o Enviado celeste. A palavra do Céu não é para amanhã, é para hoje mesmo, é para o momento.

Deus está no eterno presente. Sua ação é sempre atual. Quando o descobrimos dentro de nós, opera-se o nosso nascimento espiritual: começamos, desde logo, a viver a vida imortal.

Mas, afinal, que significa trabalhar no vinhedo do Senhor? Esse labor estará, acaso, representado nas grandes metrópoles com os seus arranha-céus, seus palácios, teatros, catedrais, caminhos de ferro, viaturas que devoram distâncias em poucos minutos, como os autos e aviões; estará no rádio, na televisão e em outras tantas expressões do progresso material, de que tanto se ufanam os homens do século, e ao qual, impropriamente, denominam de civilização? A resposta negativa a esta pergunta, estamos a ouvi--la no troar dos canhões, no sibilar das balas, no bombardeio de cidades abertas, no talar dos campos e das searas, na carnificina bárbara e cruel que ensopa o solo de sangue e de lágrimas, quando Deus determinou que ele fosse regado com o suor do nosso rosto. A resposta negativa, ao quesito acima formulado, está, pois, na conduta humana, completamente divorciada, não digamos já da moral evangélica, mas da lei vetusta, que séculos antes do advento cristão foi dada a Moisés, no Sinai: "Não matarás!". (*Êxodo*, 20:13.)

Decididamente a obediência cega, ditada pelas autoridades humanas, abriu falência. Dogmas e decretos não atingem a consciência nem o coração humano. Os fatos confirmam a nossa assertiva. O mundo precisa ser cristianizado. Só a moral cristã, revivida em sua simplicidade e pureza primitiva, tem poder para salvá-lo.

Considerações sobre o Natal

Esse acontecimento foi anunciado aos pastores de Belém por um mensageiro celeste, nos seguintes termos:

"Eis que vos trago uma Boa Nova de grande alegria: na cidade de Davi acaba de vos nascer, hoje, o Salvador, que é Cristo, Senhor... Glória a Deus nas alturas, paz na Terra aos homens de boa vontade". (*Lucas*, 2:10, 11 e 14.)

Naquele *vos nascer* está toda a importância e transcendência do Natal. Nasceu para mim. Não se trata de um fato histórico, de caráter genérico, mas de um sucedimento que, particularmente, me diz respeito, me atinge e me afeta.

Realmente, a obra redentora do Nazareno só tem início e eficácia quando individualizada. Enquanto a consideramos difusa e esparsa, abrangendo a generalidade dos homens, nada representa de positivo e concreto. Ver em Jesus o redentor do gênero humano e encará-lo como o meu redentor pessoal são coisas diferentes, senão na aparência, nas consequências e nos efeitos.

A redenção, que é obra de educação, tem que partir da parte para o todo, do indivíduo para a coletividade, e não desta para aquele. A transformação social há de ser a soma das transformações pessoais. Por isso, cumpre individuar o Natal, tomando, cada um, aquele acontecimento em sentido particular e restrito. A "parte", no assunto em apreço, nada tem que esperar do "todo". O indivíduo independe da sociedade nesta magna questão. Ele deve agir por si e para si, pois desta maneira estará contribuindo praticamente para o bem geral e coletivo.

Tratando-se da nossa evolução particular, não devemos esperar ou aguardar que tal operação se ajuste e se amolde ao conjunto, isto é, à evolução da sociedade. "A hora vem e agora é". O nosso momento é tão somente nosso, pois se acha revestido de cunho personalíssimo. Só assim se avança e se evolui de fato, dando, com o exemplo, impulso certo e seguro no progresso de todos. Enquanto esperamos que o ambiente se modifique e nos possibilite oportunidade de melhorar nossas condições espirituais, essa oportunidade nunca chegará. O dia de encetarmos a obra de nossa libertação, indo ao encontro do Redentor, é hoje, está sempre no presente. Não convém contemporizar, de vez que não dependemos senão de nós próprios.

O Natal, pois, que nos deve interessar de modo íntimo e particular, é aquele que se consumará em nós, mediante a nossa vontade e a nossa colaboração; que terá por teatro o recesso dos nossos corações, então repassados daquela humilde simplicidade que a manjedoura de Belém prefigura.

O estábulo e a manjedoura da cidade de Davi não devem prestar-se exclusivamente a divagações poéticas ou literárias. Cumpre meditá-los como símbolos de certas condições e virtudes, sem o concurso das quais nada conseguiremos no que respeita à nossa espiritualização e ao nosso aperfeiçoamento.

O Espírito encarnado neste orbe não evolverá a esmo nem à mercê do acaso, mas segundo o influxo das energias próprias, orientadas e dirigidas por "Aquele que é o Caminho, a Verdade e a Vida".

Assim, toda a magia do Natal resulta de sua individualização. Cada um deve receber e concentrar em si aquele advento, considerando-o como um caso pessoal.

* * *

Jesus é uma realidade e, ao mesmo tempo, um símbolo. Ele é a Verdade, é a Justiça, é o Amor. Onde estes elementos predominarem, Ele aí estará, embora não lhe hajam invocado o nome. De outra sorte, onde medrar a hipocrisia, onde imperar a iniquidade e o egoísmo, sob suas multiformes modalidades, Ele não se encontrará, ainda que solicitado, louvado e endeusado pela boca dos homens. Jesus não é, como se imagina comumente, o criador de determinada escola, o fundador de certo credo ou seita. Ele é o revelador da Lei Eterna, o expoente máximo da Verdade, o que vale dizer, da vontade de Deus.

Sua missão não começou em Belém, nem terminou no Calvário. Ele veio para o que era seu e os seus não o reconheceram — conforme acentua João, em seu transcendente Evangelho. Jesus é a luz do mundo. Assim como o Sol não ilumina um só hemisfério, mas distribui à Terra todos os seus benefícios, assim o Divino Pastor apascenta com igual carinho todas as ovelhas do seu redil. Sobre as Índias, a China e o Japão, como sobre a Europa e a América paira o espírito do Cristo velando pela obra de redenção humana. Não importa que o desconheçam quanto à denominação. Ele inspirara, por intermédio deste ou daquele, a revelação divina, o Evangelho do Amor. Aqui lhe darão este nome; ali, título diverso, tomando, muitas vezes, o instrumento de que Ele se serve, como sendo o próprio autor das doutrinas ministradas. Que importa? É Ele, sempre Ele, o mediador, o ungido de Deus para intérprete da sua Lei e distribuidor da sua Graça!

Onde há o espírito do Cristo, aí há liberdade — proclama o intimorato Apóstolo da gentilidade. Jesus jamais constrangeu alguém a crer deste ou daquele modo. Tocava o íntimo do indivíduo, procurando, como sábio educador, despertar as energias latentes que ali dormitavam. Remia pela educação, porque educar é pôr em ação, é agitar os poderes anímicos, dirigindo-os à conquista do bem e do belo, do justo e do verdadeiro, que concretizam o ideal de perfeição, pelo qual anseia a alma cativa e prisioneira da carne.

Jesus nasceu há perto de vinte séculos. Mas o seu natalício, com tudo que com ele se relaciona, reveste-se de perpetuidade. O Natal do Divino Enviado é um fato que se repete todos os dias, foi de ontem, é de hoje, será de amanhã e de sempre. Os que ainda não sentiram em seu interior a influência do espírito do Cristo, ignoram, em realidade, que ele nasceu. Só sabemos das coisas de Jesus por experiência própria. Só após Ele haver nascido em nosso coração, é que chegamos a entendê-lo, assimilando, em espírito e verdade, o seu Verbo incomparável.

A Verdade e o dogma

O dogma da redenção humana mediante a efusão do sangue do Cristo, consistindo a sua morte no madeiro o epílogo da missão que lhe fora confiada, carece, como em geral sucede a todos os dogmas, de fundamento.

Para demonstrar a assertiva, é bastante compará-lo com a realidade, isto é, com o fato de Jesus nos haver dado a sua vida no sentido de consagrá-la à nossa emancipação espiritual, como fazem as mães com relação à criação e educação dos seus filhos.

O dogma em apreço prende-se a um sucedimento que se deu há perto de vinte séculos, do qual temos conhecimento através da tradição e dos relatos evangélicos. É um caso pretérito, longínquo, cujo eco histórico logrou chegar até nós.

O que se passa, porém, com a realidade da obra messiânica é um feito palpitante e de atualidade em todas as épocas da Humanidade, de vez que podemos senti-lo em nós, percebendo a sua influência em tudo que respeita à nossa evolução espiritual. Não o conhecemos por tradição, literatura escriturística ou testemunho das gerações passadas; sabemo-lo real e positivo em virtude do poder de transformação que a vida do Cristo está exercendo em nós. Não precisamos violentar a razão para que aceite o que não compreende e creia no que não sente. Não precisamos passar de alto e pela rama por um problema de tanta relevância, podemos enfrentá-lo com desassombro, sujeitando-o ao cadinho do raciocínio e ao calor da meditação. Quanto mais o fizermos, tanto mais e melhor nos identificaremos com a sua realidade, firmando nossas convicções. Nenhuma dúvida haverá mais em nosso espírito criando incompatibilidades entre a razão e a fé, a inteligência e o sentimento. Nossa fé e nosso amor serão luminosos, dardejando rajadas de luz sobre o carreiro do destino que palmilhamos. Não creremos pelo testemunho de terceiros, mas pela nossa experiência pessoal. Abriremos mão das exterioridades, dos ritualismos e das querelas sectaristas que dividem e separam os homens, alimentando zelos e fomentando vaidades. Concentraremos nossa atenção sobre o que se passa, não fora, mas dentro de nós mesmos, no dealbar duma aurora que surge dos arcanos recônditos da nossa alma como energia propulsora do aperfeiçoamento intelectual e moral que em nós se vai processando. Cuidaremos então da nossa autoeducação, exemplificando, demonstrando em nós próprios, ao vivo, a obra de redenção que pode ser operada em cada indivíduo pelo Cordeiro de Deus, que, dessa maneira, realmente tira o pecado do mundo.

É assim que a Verdade, emancipando-nos do dogma, prossegue concedendo-nos, paulatina, mas progressivamente, a liberdade a que aspiramos desde todos os tempos sem jamais havê-la encontrado noutra fonte e por qualquer meio ou processo até então empregados.

A nossa loucura

É vezo dos adversários do Espiritismo, particularmente da clerezia com e sem batina, salvo honrosas exceções, acoimar de loucos os profitentes daquele credo.

Não se encontra em qualquer tratado de Psiquiatria fundamento algum em que repouse semelhante aleive. Os especialistas na matéria, sempre que se manifestam serenamente, quer nas obras que tratam do assunto, quer em artigos avulsos pela imprensa, apontam como fatores principais da loucura a sífilis, o alcoolismo e a toxicomania.

É possível que certos elementos interessados na difamação do Espiritismo consigam, de "encomenda", alguma opinião de profissionais que favoreça seus intentos. Tais pareceres, porém, reclamados por interesses subalternos de momento, não têm valor científico nem idoneidade moral. Falecendo em documentos dessa natureza aqueles requisitos, não podem ser os mesmos levados a sério.

De outra sorte, é público e notório que há inúmeros casos de insânia em pessoas pertencentes a outros credos e mesmo no seio de famílias adversárias declaradas da Doutrina Espírita. Este fato, bastante eloquente e significativo, destrói por si só a falsa imputação a que vimos aludindo.

Contudo, o estribilho continua: o Espiritismo faz loucos; na casa onde entram os livros espíritas entra o germe da loucura!

Diante dessa insistência, concluímos que algum motivo devia existir para corroborar o referido remoque. E, de acordo com o conselho evangélico — procurai e achareis — chegamos a desvendar o mistério, com grande satisfação para nós, vítimas da cruel e pertinaz insinuação. Quando se aclarou em nossa mente o enigma, bradamos como Arquimedes: "Eureca! Eureca!".

Vamos, portanto, revelar aos leitores a nossa descoberta.

Como é sabido, procura-se, por natural instinto de curiosidade muito próprio à psicologia humana, saber o móvel que determina a conduta de certas pessoas ou certa classe de indivíduos cujo proceder destoa do *modus vivendi* da maioria. O móvel que determina os atos do homem segundo o consenso geral é, invariavelmente, o interesse: interesse que pode ser direto ou indireto, presente ou remoto, de natureza material ou moral, mesquinho ou elevado, mas sempre interesse.

Ora, os detratores do Espiritismo tornaram-se detratores dessa Doutrina precisamente porque não conseguiram descobrir onde o interesse que move os espíritas através dessa atividade fecunda e constante a que eles se entregam. Indagando, perscrutando e investigando meticulosamente, por todos os meios, onde o interesse oculto dos espíritas, nada encontraram.

Daí concluíram, aliás logicamente por estar de acordo com os costumes do século, que só a loucura podia explicar o ardor com que se debatem os adeptos do Espiritismo em prol dos ideais que essa Doutrina encarna.

O fenômeno não é novo. No início do Cristianismo, os primitivos discípulos da nova fé passaram também como insanos e como elementos perigosos à ordem social, motivo por que sofreram as mais cruéis e dolorosas perseguições.

E, realmente, os que tomam os espíritas como desequilibrados têm razão, segundo o critério da época.

Senão, vejamos:

Qual o móvel que agita os apóstolos do Espiritismo? Onde o interesse a que visam? Econômico, não é, visto como seus evangelizadores agem por conta própria, não percebem emolumentos nem ordenados por via direta ou indireta de quem quer que seja. Não fazem jus tampouco a títulos honoríficos quaisquer. São, antes, ridicularizados pela atitude que assumem na sociedade. Recompensa futura, na outra vida, também não pode ser invocada como justificativa, porque a Doutrina Espírita reconhece e adota a lei da causalidade, isto é, a lei das causas e efeitos mediante a qual todo erro, falta ou crime cometido há de recair fatalmente sobre o seu autor. O espírita não crê nas indulgências plenárias ou parciais, nem no perdão, no sentido de anulação da culpa. Aceita em toda a sua inteireza a sábia sentença evangélica: "A cada um será dado segundo as suas obras". Crê na graça divina como auxílio, como a colaboração dos fortes em favor dos fracos, dos que sabem em prol dos que ignoram.

Ora, do exposto se conclui claramente que os espíritas não lutam por motivo algum que se ligue ao interesse. Seus propagandistas não percebem côngruas nem dízimos; são comumente lesados em seus interesses particulares por questões da intolerância do meio onde vivem. Não fazem jus, como já vimos, a honras e distinções, são, ao revés, espezinhados e escarnecidos. Não pretendem alcançar favores e privilégios no Céu. O que podem ser, então, tais pessoas senão vítimas de uma loucura? Onde já se viu destoar assim do século em que vivem? O que significa agir fora da órbita traçada pelo egoísmo e proceder em desconformidade com a grande maioria? Loucura rematada, não há dúvida nenhuma.

Por isso, parodiando o Apóstolo da gentilidade, dizemos: "Anunciamos uma Doutrina que é loucura para os gregos (materialistas) e escândalo para os judeus (sectaristas)".

Reflexões

O objetivo da Doutrina Espírita não é fascinar para dominar: é esclarecer para redimir.

A fé espírita é trigo, não é joio: nutre e fortalece a mente, não alucina nem incendeia a imaginação. Sua escola não visa a aliciar e arranchar indivíduos passivos que se movam tangidos pelo cajado de zagais que a si mesmos se divinizam e outorgam poderes e privilégios.

A moral espírita, revivendo a do Cristo de Deus, cria personalidades, consolida caracteres, faz homens livres.

***

É com a chave da coragem moral revelada na organização dos lares, colaborando com Deus no aperfeiçoamento das suas obras mediante a criação e educação dos filhos, que os sacerdotes e as sacerdotisas da família farão girar em seus gonzos os portais dos tabernáculos eternos, penetrando, vitoriosos, em seus arcanos, acompanhados daqueles com quem lutaram ombro a ombro, ajudando a vencer as asperezas e a escabrosidade do carreiro percorrido.

Jamais será com a gazua do celibato, dos claustros e das clausuras, fugindo àquelas responsabilidades e àqueles encargos pesados, que se logrará abrir, para si próprio e para outrem, as portas do Céu.

Parábola do filho pródigo

"Um homem tinha dois filhos. Disse o mais moço a seu pai: 'Dá-me a parte dos bens que me toca'. E ele repartiu os seus bens entre ambos. Poucos dias depois, o filho mais moço, ajuntando tudo o que era seu, partiu para um país longínquo, e lá dissipou todos os bens, vivendo dissolutamente. Depois de haver consumido tudo, sobreveio àquele país uma grande fome, e ele começou a passar necessidades. Então foi encostar-
-se a um dos cidadãos daquele país, e este o mandou para os campos guardar porcos; ali desejava ele fartar-se das alfarrobas que os porcos comiam, mas ninguém lhas dava. Caindo em si, porém, disse: 'Quantos jornaleiros de meu pai têm pão com fartura, e eu aqui morrendo à fome! Levantar-me-ei, irei a meu pai, e dir-lhe-ei: Pai, pequei contra o céu e diante de ti; já não sou digno de ser chamado teu filho; trata-me como um dos teus jornaleiros'. E, levantando-se, foi para seu pai. Estando ele ainda longe, seu pai viu-o e teve compaixão dele e, correndo, o abraçou e beijou. Disse-lhe o filho: 'Pai, pequei contra o céu e diante de ti; já não sou digno de ser chamado teu filho'. O pai, porém, disse aos seus servos: 'Trazei-me depressa a melhor roupa e vesti-lha, e ponde-lhe um anel no dedo e sandálias nos pés; trazei também o novilho cevado, matai-o, comamos e regozijemo-nos, porque este meu filho era morto e reviveu, estava perdido e se achou'. E começaram a regozijar-
-se. Ora, seu filho mais velho estava no campo; e, quando foi chegando em casa, ouviu a música e a dança; e, chamando um dos criados, perguntou-lhe que era aquilo. Este lhe respondeu: 'Chegou teu irmão, e teu pai mandou matar o novilho cevado, porque o recuperou com saúde'. Então ele se indignou, e não queria entrar; e saindo seu pai, procurava concíliá-lo. Mas ele

respondeu a seu pai: 'Há tantos anos que te sirvo, sem jamais transgredir uma ordem tua, e nunca me deste um cabrito para eu regozijar com meus amigos; mas quando veio este teu filho, que gastou os teus bens com meretrizes, tu mandaste matar para ele o novilho cevado'. Replicou-lhe o pai: 'Filho, tu sempre estás comigo, e tudo que é meu é teu; entretanto, cumpria regozijarmo-nos e alegrarmo-nos, porque este teu irmão era morto e reviveu, estava perdido e se achou'."

(LUCAS, 15:11 a 32.)

A parábola acima é, dentre todas as imaginadas pelo Divino Mestre, a mais conhecida e que mais tem sido comentada. Realmente, trata-se de página tocante, que fala à nossa alma e nos sensibiliza o coração. É geralmente debaixo do aspecto sentimental que a parábola, ora em apreço, é vista e esplanada, tendo, mesmo, fornecido elemento a vasta literatura em torno do seu enredo. Mas não é somente sob tal prisma que devemos vê-la. Cumpre aprofundá-la, tirando de sua estrutura as grandes verdades que encerra. No estudo, embora ligeiro, que vamos fazer desta edificante historieta, começaremos chamando a atenção para o título que lhe deram os tradutores e os exegetas das Escrituras: "Parábola do filho pródigo". Seria mais acertado, a nosso ver, que a denominassem: Parábola do pródigo e do egoísta — de vez que o seu entrecho gira, principalmente, em torno de duas personagens que encarnam aquelas duas expressões da imperfeição humana. Apenas três pessoas figuram neste conto evangélico: o pai e os dois filhos. No entanto, só se comenta o procedimento de um dos filhos, o mais moço, o pródigo, e nada se diz sobre o outro filho, o mais velho, o egoísta, o maior pecador. Vamos, pois, trazê-lo à baila, pois é protagonista importante cujo proceder deve ser devidamente estudado.

À simples leitura da parábola, percebemos que aquele pai é Deus. Seus dois filhos representam os homens; nós, os pecadores de todos os matizes. O mais moço, o pródigo, é a personificação daquele que se entrega desvairadamente aos prazeres sensuais, concentrando na gratificação dos sentidos todas as suas aspirações e ideias, consumindo em bastardos apetites as riquezas herdadas do divino progenitor. Empobrecido e arruinado, faminto e roto, espiritual e materialmente, acaba reconhecendo-se o único culpado de tamanha desventura, o único responsável pela crítica situação em que se vê. Arrependido, resolve buscar os penates relegados, voltando para junto do pai bom e amorável. Ali é recebido festivamente e reintegrado no seu lugar de filho e herdeiro de todos os bens e prerrogativas paternas.

A história desse moço desassisado é a da grande maioria dos homens. Verificamos no transcurso dos acontecimentos passados com ele a manifestação das leis naturais que regem o destino das almas na sua caminhada pela senda intérmina da vida, sob o influxo incoercível da evolução. Vemos que o destino é uno. O desfecho de toda odisseia dos pecadores, que passam pela Terra, é o retorno ao lar paterno. Todas as modalidades de pecado se acham contidas entre os extremismos representados pelos dois filhos — o pródigo e o egoísta. Não importa, portanto, qual seja a natureza das erronias cometidas ou dos delitos praticados; o final, o remate de toda a trajetória do Espírito através das suas encarnações e reencarnações, das provas e expiações por que venha a passar, é um só: a confissão da culpa, o arrependimento que daí decorre, e a consequente reabilitação pelo amor e pela dor! Ninguém se perde, não há pecados irremissíveis, não há culpa irreparável. O desígnio divino é um só e único. A porta da redenção jamais se fecha, está sempre aberta para os pródigos e egoístas arrependidos, de todos os tempos.

Eis o que se deduz lógica e racionalmente da contextura desta parábola.

Outro ensinamento de relevância que da mesma ressalta é o que respeita à doutrina da causalidade, propagada pela Terceira Revelação. A redenção do pródigo deu-se mediante a influência dessa lei. Ele criou uma série de causas que determinaram uma série de efeitos análogos. Como as causas eram más, os efeitos foram dolorosos. Suportando-os, como era natural, e não como castigo ou pena imposta por agente estranho, o moço acabou compreendendo a insensatez que praticara, considerando-se, outrossim, o próprio causador dos sofrimentos e da humilhação que suportava. Tomou, então, espontaneamente, e não coagido por terceiros, a resolução de emendar-se; e assim o fez. A obra da salvação, portanto, é consumada pelo esforço individual tendente ao aperfeiçoamento moral. Independe do exterior, processa-se no íntimo das almas. E será só pela reforma voluntária do indivíduo que se alcançará a reforma dos hábitos maus e dos costumes viciosos que caracterizam a sociedade.

Deus é imutável. Seu atributo principal é o Amor; Amor que é inteligência, vontade e sentimento. Na sua imutabilidade, Ele espera que o homem o procure, que reconheça seus erros, arrependa-se e se regenere. Deus é a chama divina da Vida. Quanto mais nos aproximamos dele, tanto mais nos sentiremos iluminados pela sua luz e fortalecidos pelo seu calor, o que vale dizer, que tanto mais intensificaremos a nossa própria vida! Afastarmo-nos de Deus é embrenharmo-nos nas trevas, é caminharmos para a morte. Por isso, ao celebrar o retorno do pródigo, disse o pai: "Este meu filho era morto e reviveu, tinha-se perdido e agora se achou". Ir para Deus é encontrarmos a nós próprios, descobrindo-nos em nossa vida imortal.

Ainda mais um raio de luz se esparze deste conto: é a relatividade do livre-arbítrio. O Espiritismo esclarece essa controvertida matéria, firmando o preceito de que o livre-arbítrio existe, pois, do contrário, seríamos uns autômatos, joguetes das circunstâncias que nos cercam, não nos cabendo, portanto, responsabilidade alguma pelos nossos atos, bons ou maus. Proscrevendo-se *in totum* o livre-arbítrio individual, não haveria ação imputável. O homem não passaria de um títere, de um fantoche, movendo-se ao sabor de cordéis estirados por influências mesológicas. Mas, ao considerarmos esse livre-arbítrio, cumpre assinalar a *sua relatividade*, o que é muito importante. O Espírito, quanto mais atrasado, menor soma de livre-arbítrio, naturalmente, pode desfrutar. À medida que vai progredindo e aperfeiçoando-se moral e intelectualmente — a sua esfera de ação livre dilata-se e amplia-se, até que adquire completa liberdade. Daí o dizer eloquente do sábio Mestre: "Se permanecerdes nas minhas palavras sereis verdadeiramente meus discípulos; e conhecereis a verdade, e a verdade vos libertará". (*João*, 8:31 e 32.) A ignorância, em seu sentido verdadeiro, significando não só a falta de cultivo da inteligência, mas também, e principalmente, do sentimento, constitui o cárcere do Espírito. Basta vermos a triste condição do analfabeto. É um emparedado que se debate entre as grades da prisão intelectual. Abre um livro e não pode interpretar os seus símbolos; vê os emplacamentos das ruas, a numeração dos edifícios, as tabuletas, os letreiros, mas não sabe traduzi-los. Tem olhos, porém não vê; tem inteligência e não se acha habilitado a servir-se dela, aplicando-a em seu benefício. É um cego, cujos passos estão restritos a um certo âmbito acanhado e estreito. Alfabetiza-se: eis então que um novo mundo se abre diante dele. Seu círculo de ação se alarga prodigiosamente. Independe já de outrem para realizar seus intentos; já pode orientar-se na solução dos problemas que o interessam. Se prossegue na obra cultural iniciada, aprende outros idiomas, lê em outras línguas, entrando em comunicação com indivíduos de nações e raças diversas, inteirando-se da vida e dos costumes de outros irmãos espalhados pela imensa área do globo terráqueo. A liberdade do Espírito mede-se, pois, pela soma de conhecimentos e virtudes adquiridas. Assim como o pássaro não logra levantar voo senão com o concurso de ambas as asas, assim também o Espírito jamais se alcandorará às regiões da liberdade perfeita, senão mediante o concurso dos dois fatores evolutivos — o moral e o intelectual. A falta daquele inutiliza os proventos deste, dando lugar, apenas, a aleijões que se arrastam e se debatem sem conseguirem erguer-se acima do pó e da lama. É o que nos mostra claramente a parábola que é objeto das nossas cogitações, neste momento. O pródigo usou do seu relativo livre-arbítrio. Foi onde era possível, dentro dos limites tragados pelo seu grau de evolução. Ele não estava só, entregue somente aos devaneios próprios da mocidade inexperiente e ousada. O olhar benevolente e vigilante do pai o acompanhava, aguardando o momento oportuno em que as reações dos seus atos impensados e atrabiliários se fizessem sentir. Deixou, por isso, que o filho procedesse como lhe aprouvesse, sempre, porém, dentro dos limites compatíveis com a sua idade e insipiência.

Aí está, portanto, outro princípio que faz parte do corpo doutrinário espírita, perfeitamente confirmado pelo Evangelho: a relatividade do livre-arbítrio. O homem é uma criança, espiritualmente falando. Não pode fazer o que quer, não pode perder-se irremediavelmente, ainda que em sua ignorância, fraqueza e insânia o quisesse. Deus procede com ele como nós, os pais terrenos, procedemos com os nossos filhos. Em matéria de liberdade, concedemo-la paulatinamente, dosando-a de acordo com o desenvolvimento que vão adquirindo, até se emanciparem. Jamais se viu o pai ou a mãe abandonar os filhos menores, deixando-os entregues aos perigos que lhes poderiam ser fatais. Os filhos são vigiados cautelosamente até que se possam conduzir por si mesmos. O livre-arbítrio, por conseguinte, existe, porém restrito às condições personalíssimas de cada indivíduo. O pródigo foi até à pobreza extrema, até à miséria material e moral; mas não pereceu, não se precipitou no abismo de eterna e irremediável perdição, visto como, de longe, o acompanhava a solicitude paternal daquele que lhe dera o "ser" e lhe traçara o destino. Assim sucede com o homem. Pode chafurdar-se na lama dos vícios, precipitar-se no tremedal do crime, cometer aventuras e insânias de toda espécie; chegará, fatalmente, para ele, aquele dia de *cair em si*, conforme diz a parábola. Desse despertar de consciência própria resulta o retorno à casa e aos braços amoráveis do Pai Celestial.

Recapitulando o exposto, vamos consignar os postulados espíritas abaixo descritos, confirmados, todos positivamente, neste enredo parabólico.

1º — Imutabilidade de Deus — princípio sustentado, não teoricamente apenas, mas de modo positivo, condizente com os fatos e testemunhos da vida humana.

2º — Unidade do destino, isto é, a redenção completa pelo amor e pela dor, abrangendo todos os pecadores.

3º — A lei da causalidade, ou seja, de ação e reação, causas e efeitos, determinando, em dado tempo, o despertar das consciências adormecidas.

4º — A relatividade do livre-arbítrio, o qual não pode ser absoluto, a ponto de ser dado ao homem alterar os desígnios de Deus.

5º — Finalmente, a evolução individual dos seres racionais e conscientes, de cujo número o homem faz parte, processada no recesso íntimo das almas, livre e espontaneamente, como lei natural e irrevogável.

***

O pródigo faz jus à nossa simpatia, porque é um pecador confesso. Errou, sofreu as consequências do seu erro, reconheceu-se culpado, implorou e obteve a misericórdia divina. Pela sinceridade do seu gesto e pela humildade da sua atitude, ele atrai a nossa indulgência e, mais do que isso, conquista o nosso coração. E como não há de ser assim, se nós nos vemos nele, como num espelho, refletindo o que somos e indicando-nos o caminho a seguir, o exemplo a imitar?

O delito do pródigo é incontestavelmente menos grave do que o de seu irmão, apesar de ter esbanjado dissolutamente a herança paterna. A sua culpa indica fraqueza, não revela desamor nem maldade. Fez mal, não há dúvida, porém, a si próprio. Não envolveu a ruína de terceiros em suas aventuras, não ocasionou dor física ou moral a seu semelhante, não ofendeu o seu próximo. Foi insensato, leviano, boêmio, perdulário, prejudicando-se, como já dissemos, a si mesmo. E o egoísta, com sua aparente santidade, jactando-se de jamais haver infringido as ordens e os preconceitos paternos? Na sua impiedade, manifesta e ostensiva, esquivando-se indignado a tomar parte no banquete promovido pelo pai em regozijo ao regresso do seu irmão, ele mostra toda a aridez e secura da sua alma. O pródigo, a despeito de todas as insânias que cometeu, não atendeu tão gravemente contra a lei como ele, não feriu os sentimentos paternos de modo tão desalmado e cruel. Esta personagem é a encarnação viva do egoísmo, pretendendo, como pretendeu, monopolizar a herança e o convívio paterno. Que importa que ele não houvesse dilapidado o seu pecúlio, uma vez que se revelou mesquinho e desamorável, estomagando-se com o retorno de seu irmão e com a maneira afetuosa com que o pai o recebera? Que outra prova maior de impiedade podia ter demonstrado? Onde a sua decantada santidade, onde o seu presumido puritanismo? Estará, acaso, nas virtudes negativas que tão enfaticamente proclamara? Não é com virtudes negativas que se cumpre a lei e se conquistam os tabernáculos eternos. O homem pode cultivá-las, sendo, contudo, infrator do código divino, como no caso presente. Virtude negativa quer dizer abstenção do mal. Mas o homem pode abster-se do mal somente visando ao proveito próprio, ao seu bem-estar, ao conceito e à fama. Que prova semelhante atitude senão requintado egoísmo? Não procede mal para não comprometer-se, para zelar da sua integridade *imoral*. Sim, empregamos o prefixo propositalmente, da sua integridade *imoral*, porque, em realidade, tal indivíduo não passa dum "bom aparente", dum santo de fancaria, uma vez que é incapaz de atos altruístas e generosos em prol dos seus semelhantes. Não arrisca um fio de cabelo na defesa dum inocente ou duma causa justa; não dedica um momento de seu tempo em favor de quem quer que seja. Ainda mais: entristece-se com a felicidade alheia, revolta--se com a alegria do próximo. Refestelando-se no céu, conforma-se com a perdição eterna de seu irmão! Tal o grande pecador, tal a imagem do fariseu que, orando no templo, assim se pronunciava: Graças te dou, meu Deus, porque não sou como aquele publicano. Não sou ladrão, pago o dízimo e jejuo regularmente. O publicano, porém, orava deste modo: Meu Deus, tem piedade de mim, miserável pecador. Em verdade — ensina o Divino Mestre — este voltou para sua casa justificado, e não aquele.

O ensinamento, portanto, mais importante desta alegoria está resumido no seu último tópico, quando o egoísta, extravasando zelos e ciúmes, se queixou ao pai, dizendo: "Mandaste matar o novilho cevado em sinal de regozijo pelo retorno desse teu filho que dissipou teus bens com as meretrizes, enquanto a mim, que tanto te sirvo, nunca me deste um cabrito para regozijar-me com meus amigos". O pai, então, retruca: "Filho, tu sempre estiveste comigo, e tudo que é meu é teu; entretanto, cumpria regozijarmo-nos, porque este teu irmão era morto e reviveu, estava perdido e agora foi encontrado". A lição áurea está sintetizada num simples possessivo: *teu* irmão. O adjetivo — *teu* — é, no caso, tudo quanto há de mais significativo. O egoísta via, no pródigo, apenas o filho dissoluto de seu pai; e este lhe mostrou, naquele, o *seu* irmão! Que importam seus erros, seus devaneios? Ele é teu irmão!

Apliquemos na vida este preceito. Saibamos ver nos que pecam, nos que cometem qualquer espécie de culpa ou crime, um nosso irmão. Lembremo-nos de que o dia de sua redenção será festivo nos céus. Alegremo-nos com Deus, contribuindo para a obra da redenção humana, expurgando o nosso coração de todo pensamento de exclusivismo, de toda ideia sectarista, dos zelos e dos ciúmes. A casa do Pai Celestial é bastante ampla para agasalhar todos os seus filhos. Regozijemo-nos e nos confraternizemos, todos, no alegre banquete do Amor, olhos fixos na sublime legenda: *Fora da caridade não há salvação!*

O último inimigo a vencer

> "O último inimigo a vencer é a morte."
> S. PAULO (I CORÍNTIOS, 15:26.)

Se a morte é o último inimigo a vencer, segue-se que há uma série deles, dentre os quais figura a morte como sendo o derradeiro.

Onde estão os outros? O mesmo Apóstolo responde: "O aguilhão da morte é o pecado". Portanto, o pecado, sob suas multiformes modalidades, encerra os demais inimigos que cumpre ao homem vencer, para, finalmente, derrotar o último, que é a morte. Só, então, lhe será dado entoar o hino da vitória: "Onde está, ó morte, o teu poder; onde está, ó morte, o teu aguilhão?".

Esse triunfo, que representa a suprema conquista, o homem — Espírito encarnado — logrará, "graças a Deus que nos dá a vitória por nosso Senhor Jesus Cristo". Esta expressão de Paulo não implica na derrota da morte pelos méritos de Jesus, visto como é imprescindível que cada indivíduo combata os seus próprios inimigos, vencendo-os um a um, até que, por fim, extinga o império da morte como auspicioso corolário da grande campanha libertadora.

Jesus, como Ele mesmo disse enfaticamente, é o Caminho, a Verdade e a Vida. Seu papel, como Mestre, é ensinar e exemplificar, missão ingente que vem cumprindo em todos os seus pormenores e particularidades. A nossa obrigação, como discípulos, é perlustrar o caminho vivo, personificado no próprio Mestre, procurando imitá--lo, aprendendo com Ele a conhecer e vencer os nossos perigosos adversários.

As paixões inconfessáveis que escravizam e aviltam são nossas, nós as alimentamos através dos séculos, permitindo que nos dominassem.

A força do pecado é a lei — ensina Paulo. Isto quer dizer que na cobiça, na ambição, no orgulho, na lascívia, na inveja, que gera o despeito e o ódio, estão as causas criadas por nós e cujos efeitos, no cumprimento da lei da causalidade, tecem a trama que nos enreda, sujeitando-nos ao domínio da morte. A causa, sendo gerada na carne, na carne deve ser vencida. Daí os sábios dizeres do erudito vexilário do advento cristão: Por isso é necessário que este corpo corruptível se revista de incorruptibilidade, e este corpo mortal se revista de imortalidade; quando, pois, este corpo corruptível se revestir de incorruptibilidade e este corpo mortal se revestir de imortalidade, então se cumprirá a palavra que está escrita: "Tragada foi a morte na vitória!".

Destes luminosos ensinamentos do valoroso Apóstolo dos gentios ressalta, clara e evidente, a doutrina da reencarnação, porquanto não será jamais numa só existência que o homem conseguirá dominar as paixões, emancipando-se do ciclo evolutivo que se processa através do instinto. Só depois de vencida essa etapa pode o Espírito alcandorar--se às regiões etéreas, visto como a carne e o sangue não herdam o Reino de Deus, conforme também ensina o ex--discípulo de Gamaliel.

Não se turbe o vosso coração

"*Não se turbe o vosso coração; crede em Deus, crede também em mim.*"

(João, 14:1.)

O coração humano vive inquieto e aflito, precisamente porque carece de fé, a virtude que gera e mantém a serenidade de espírito, a segurança inabalável, qualquer que seja a conjuntura em que nos encontremos.

Por isso, o médico do corpo e da alma preceitua o remédio que cura todas as tribulações: *"Crede em Deus, crede também em mim".*

Crer em Deus é crer na vida, no testemunho positivo, concreto e real do Universo, desse Universo do qual fazemos parte integrante; é crer na infinita criação, nos mundos e nos sóis de todas as grandezas cujo número é incontável; é crer, em suma, nas realidades externas e internas, isto é, na vida que nos cerca e na vida que palpita em nosso *eu*, onde fala a inteligência, onde se manifesta a vontade, onde vibra o sentimento.

Crer em Jesus é crer no Enviado de Deus, naquele através de cujo verbo nos é dado conhecer a verdade e em cujos exemplos podemos perceber e sentir o reflexo do maior e do mais excelente dos atributos divinos — o amor; crer em Jesus é crer na imortalidade comprovada na sua ressurreição e na ressurreição de todos os que tombam ao golpe inexorável da morte; crer em Jesus é crer na máxima sublimidade da vida, expressa em sua consagração em prol do bem e da felicidade de outrem.

A fé, portanto, que o Mestre inculca a seus discípulos é aquela que se funda na aprovação de fatos incontestáveis, visíveis e palpáveis, que afetam os sentidos e a razão, as restritas possibilidades do homem e as imensas possibilidades do espírito. Essa fé nos conduz ao caminho da verdadeira Vida em sua expansão infinita e em sua eterna manifestação.

Nessa infinita expansão da sua eterna manifestação, a Vida revela o seu objetivo, que consiste em conduzir a criatura ao Criador, mediante a lei incoercível da evolução.

Semelhante fé, em realidade, redime o pecador, elevando, enobrecendo e santificando as almas.

Não se turbe, pois, o nosso coração. Conquistemos paz e serenidade, firmeza e perseverança, crendo em Deus e no seu Cristo, através das provas animadas e veementes que a Vida mesma nos proporciona.

Os pés

"Os olhos são a luz do teu corpo." Toma cuidado no que concerne à boa conservação dessa luz; pois, se vier a amortecer ou apagar-se, todo o teu corpo se encontrará em trevas.

E os pés? Serão, acaso, membros desprezíveis em virtude da posição humilde em que se encontram? De modo nenhum. Eles são os suportes do corpo, e, mais do que isso, são os locomotores que o transportam. Os pés têm a propriedade de conduzir o homem, levando-o para este ou para aquele meio.

Cuidado, portanto, muito cuidado com os pés, pois tanto nos podem fazer palmilhar o bom como o mau caminho; podem enredar-nos por atalhos escabrosos e lamacentos cujo termo seja o abismo. Dali não sairemos sem mágoas, ferimentos indeléveis e humilhações diante dos que observam nosso retorno.

E assim se justifica plenamente a figura evangélica: Se os teus pés te servem de escândalo, corta-os, pois é preferível ficares deformado, preservando o corpo da morte, que sucumbires com todos os teus membros.

Do mesmo modo se explicam, aliás pelo reverso, as palavras do Velho Testamento: "Quão formosos são os pés portadores da paz!".

Tem a máxima cautela com os teus pés, os quais convém trazeres bem abrigados e defendidos com o calçado da fé, daquela que encerra o bom senso, o critério e a prudência; que, conjugada com a razão, é a luz do Espírito, luz que vai adiante, espancando as trevas do carreiro por onde transitarás; luz que descortina horizontes mais longínquos, que luariza o futuro mais remoto, e nchendo tua alma das mais belas e fundamentadas esperanças!

Precaução, muita precaução com os pés! Eles são elementos de locomotividade que conduzem o corpo, templo onde habita o Espírito!

O grande pecado

"*Declarou, então, Jesus aos sacerdotes: Em verdade vos digo que os publicanos e as meretrizes vos precederão no Reino de Deus. Porque João veio a vós no caminho da justiça, e não lhe destes crédito, mas os publicanos e as meretrizes lho deram...*"

(MATEUS, 21:31 e 32.)

Como vemos, o intérprete da Soberana Justiça classifica a falta dos sacerdotes mais grave que as das meretrizes e dos publicanos, sendo que estes, no exercício do fisco, furtavam os contribuintes exigindo maior imposto que o estabelecido na lei.

Mas, afinal, que espécie de delito praticavam os sacerdotes cuja gravidade o sábio Mestre reputa maior que o pecado das decaídas e dos publicanos?

A culpabilidade das meretrizes precede das fraquezas da carne. A ladroíce dos publicanos não deixa de ser, a seu turno, fruto da frouxidão de caráter, modalidade de fraqueza também; ao passo que o crime dos maus sacerdotes se funda na má-fé com que procedem, iludindo o povo cujos sentimentos religiosos exploram. Trata-se de um programa doloso concebido, planejado e posto em prática com sagacidade e perfídia. Eles mesmos, os sacerdotes, não acreditam no que dizem, agindo em desacordo com a própria consciência. As consequências do mal praticado pela casta sacerdotal assumem proporções muito mais extensas que aquelas derivadas da vida dissoluta das messalinas e da desonestidade dos publicanos. As infelizes decaídas suportam, desde logo, os efeitos dos excessos e desmandos a que se entregam, sendo, elas mesmas, as maiores vítimas; enquanto a mentira religiosa espalhada e mantida pelos maus sacerdotes responde pela corrupção moral do povo, pela impostura e pelo regime de mistificações que se generaliza em todas as camadas sociais. O pecado, portanto, dos sacerdotes, a cuja responsabilidade se furtam no momento, é de efeitos mais prejudiciais e danosos que o dos publicanos e o das meretrizes. Estas exploram seu corpo; os publicanos exploram o cargo que ocupam, lesando materialmente os contribuintes, ao passo que os sacerdotes exploram o que há de mais sagrado e santo no homem: o sentimento religioso, nas relações entre a criatura e o Criador.

Tal é o delito contra o Espírito Santo, isto é, contra a consciência, o campo aberto à sementeira das eternas verdades reveladas do Céu através dos divinos mensageiros de Deus.

A insinceridade, o dolo no que respeita às questões espirituais — numa palavra — *a hipocrisia — eis o grande pecado*.

Bem-aventurados os humildes de espírito

"Bem-aventurados os humildes de espírito, porque deles é o Reino dos Céus" (*Mateus*, 5:3) — tal foi a sentença com que Jesus iniciou as suas prédicas.

Humildes de espírito — notemos bem — e não somente humildes. Se ele tivesse omitido aquele complemento, não se teria revelado *o incomparável Mestre, o consumado pedagogo e o excelso psicólogo*, cujas qualidades e méritos singulares jamais foram ou serão igualados neste mundo.

A despeito mesmo da clareza meridiana da beatitude em apreço, ainda assim, não tem sido compreendido em essência o relevante ensinamento que encerra em sua singeleza e simplicidade. Vamos, por isso, meditar, com os nossos benévolos leitores, a dita frase, que, como todas as lições do Mestre, é sempre oportuna em todas as épocas da Humanidade. E, por serem desta natureza, as palavras do Ungido de Deus nunca passarão, conforme Ele afirma, com aquela autoridade serena e calma que caracteriza a sua inconfundível personalidade. Realmente, sua palavra, sendo, como é, de perene atualidade, não pode passar como passa a dos homens, que, em dado tempo, assume foros de infalibilidade, para, logo depois, ser proscrita, caindo em caducidade.

O verbo messiânico é a fonte da água viva, manando sempre fresca e renovada; enquanto a palavra dos sátrapas terrenos é a água de cisterna, estagnada no personalismo que a polui e contamina.

Humildes de espírito ou de coração. Está perfeitamente clara e concisa a sentença. Não se trata, portanto, de humildes de posição social, nem de humildes em relação à posse de bens materiais; nem, ainda, de humildes de intelecto, isto é, de ignorantes e analfabetos; tampouco de humildes no que respeita à profissão que exercem e às vestimentas que usam. A assertiva ora comentada reporta-se a humildes de espírito, isto é, àqueles cujos corações estejam escoimados do orgulho sob suas múltiplas modalidades. Na classe dos humildes de intelecto, de posição, de fortuna, de profissão e de indumentária, viceja também o orgulho, tal como sói acontecer entre os demais componentes da sociedade humana. Aquele sentimento não escolhe nem distingue classes; vai-se aninhando onde encontra guarida, seja na alma do sábio como na do ignaro; seja na alma do rico como na do mendigo que estende a mão à caridade pública; seja na alma do potentado que enfeixa poderes e exerce autoridades, que governa povos e dirige nações, seja na do pária que perambula pelas ruas; seja na alma dos titulares e dos togados, seja na daqueles que cavam o solo ou que removem os detritos das cidades. O orgulho assume formas diversas para cada classe, como para cada indivíduo. Ninguém escapa às suas arremetidas e à felonia das suas artimanhas e das suas esdrúxulas concepções. É o pecado original que o homem traz consigo ao nascer, como fruto que é do egoísmo, do apego ao "eu" cuja sensibilidade extremada gera todas as gamas e todas as mais variadas nuanças que o orgulho assume, desde a soberba arrogante e tirana, até as formas de petulância grotesca e ridícula. É o grande fator de discórdia entre os homens. É o elemento desaglutinador por excelência, semeando a cizânia em todos os campos de ação onde os homens exercem suas atividades. Medra e viça despejadamente no campo dos pobres como no dos argentários; no dos doutos e eruditos como no dos iletrados e incultos; nas academias como nas feiras livres; nos antros do vício como nos templos e nos altares. Não há terreno sáfaro ou estéril neste mundo, para esta planta daninha; não existe clima que lhe não seja propício, nem ambiência que seja refratária à sua proliferação.

Há orgulho de raça, de nacionalidade e de estirpe; há orgulho de profissão, de títulos e pergaminhos; de crença ou orgulho religioso, um dos aspectos mais terríveis daquele sentimento, de vez que gerou, outrora, o ódio entre os profitentes de vários credos que, mutuamente, se trucidaram numa luta fratricida e cruel, mantendo, ainda no presente, a separação e o dissídio no seio da família humana.

O orgulho não procura base para apoiar as suas pretensões. Manifesta-se com ou sem motivos que o justifiquem; com ou sem razão alguma que explique a sua existência. Nos ricos é a riqueza que o gera e sustenta. Nos que conhecem algo em qualquer ramo do que se convencionou denominar — ciência — é o pouco saber que o mantém; nos pobres é a inveja que o alimenta; nos inscientes e semianalfabetos é a própria ignorância que o conserva sempre vivo e palpitante; finalmente, nos tolos e fátuos, é a debilidade mental, a fraqueza de espírito que o provê do alimento necessário. Tudo, como se vê, pode ser causa de orgulho. Há facínoras que se envaidecem dos crimes bárbaros que cometem, vendo em suas sangrentas façanhas gestos de heroísmo e de valor.

Do orgulho procedem todas as megalomanias, das mais grotescas às mais perigosas, como aquela que tem por escopo o domínio do mundo. São incontáveis os malefícios que o orgulho engendra no coração humano, ocultando-se e disfarçando-se de todas as formas. É assim que vemos pessoas cujas palavras, escritas ou faladas, são amenas e cheias de doçura; ao sentirem-se, porém, melindradas no seu excessivo amor-próprio, ei-las transformadas em verdadeiras feras, insultando e agredindo, na defesa do que chamam — *dignidade*.

Neste particular, as vítimas do orgulho incidem num equívoco muito generalizado. A verdadeira defesa da nossa dignidade é uma operação toda de caráter íntimo. É no interior, no recesso das nossas almas que se deve processar a vigilância e a defesa de nosso brio, de nossa honra e de nossa dignidade. Quando, aí, nesse tribunal secreto de nada nos acuse a consciência — essa faculdade soberana e augusta, através da qual podemos ouvir e sentir a voz do Supremo Juiz —, devemos ficar tranquilos, mesmo que sejamos acusados dos maiores delitos e das mais graves culpas. Infelizmente, porém, os homens fazem o contrário: descuram da vigilância interna; fazem ouvidos moucos aos protestos da consciência própria, a despeito de suas reiteradas e constantes observações, para curarem, com excessivo zelo, da defesa exterior, isto é, do que dizem e pensam deles. É o orgulho que ofusca a razão humana, arrastando o homem à prática de semelhante insânia e de outros tantos despautérios e incongruências.

Vítima da obnubilação mental, o orgulhoso fecha-se como a ostra, dentro de si mesmo, isolando-se do convívio social e tornando-se impermeável às inspirações e sugestões dos bons elementos espirituais que, no desempenho de sua missão de amor, procuram auxiliar e conduzir os encarnados ao porto seguro da redenção. Daí a razão por que Jesus assim se exprimiu acerca desse fato por Ele observado: "Graças te dou, meu Pai, porque revelas as tuas coisas aos simples e pequenos, e as escondes dos sábios e dos grandes". (*Mateus*, 11: 25.) Deus nada esconde dos homens; estes, em sua vaidade e soberba, é que se tornam impermeáveis às revelações do Alto, como insensíveis aos reclamos da própria consciência.

O orgulho, como se vê, constitui a grande pedra de tropeço no caminho da nossa evolução, já no que respeita ao desenvolvimento da inteligência, como no que concerne à esfera do sentimento. Justifica-se, pois, plenamente, o esforço do Divino Mestre, procurando incutir no espírito do homem a necessidade de combater o grande e perigoso inimigo do seu progresso intelectual e do seu aperfeiçoamento moral. O meio de efetuar com êxito essa campanha consiste em cultivar o elemento ou a virtude que se opõe ao orgulho: a humildade. Assim como nos servimos da água para extinguir os incêndios, assim cumpre que conquistemos a humildade de espírito, para alijarmos o orgulho dos nossos corações. Todo veneno tem o seu antídoto. Todos os vícios e paixões que degradam o homem têm as virtudes que lhes são opostas, de cujo cultivo resulta a vitória sobre aquelas.

Quando não queiramos, de moto próprio, empreender essa luta, seremos forçados a fazê-lo, mediante o influxo da dor.

O batismo da água nada pode contra os senões e os males do nosso caráter; mas o do fogo age sempre com eficiência em todas as conjunturas e emergências da vida. Outro malefício produzido pelo orgulho consiste em criar nos indivíduos o que poderíamos denominar, talvez com acerto, de complexo de superioridade. Imbuídos dessa presunção, desferem voo, batendo as asas de Ícaro, elevando-se às altas regiões das fantasias mórbidas, criadas pela imaginação, até que um dia se despenham, rolando no pó, para que se confirme a sabedoria da máxima evangélica: "Aquele que se exalta será humilhado...". (*Mateus*, 23:12.)

Recapitulando o exposto sobre a primeira beatitude do Sermão do Monte, verificamos que humildade não quer dizer pobreza ou miséria; não quer dizer desasseio nem farandolagem; não quer dizer ignorância nem analfabetismo; não quer dizer também inaptidão e imbecilidade — de vez que o homem pode ser pobre, miserável, desasseado, maltrapilho, gafeirento, néscio, inábil e bronco, sem possuir, todavia, a sublime virtude que Jesus, o Ungido de Deus, predicou pela palavra e pelo exemplo, nascendo num estábulo e morrendo numa cruz.

Cumpre ainda reportarmos a uma certa deturpação daquela excelsa virtude cristã, por parte daqueles que a pretendem confundir, seja por ignorância, seja de má-fé, visando a inconfessáveis interesses, com subserviência ou passividade. Segundo esse critério, bastante generalizado em certos meios, a pessoa humilde é aquela que se conserva impassível em todas as emergências em que se encontre; é aquela que não protesta nem reage contra as iniquidades de que seja vítima ou que se consumem aos seus olhos; é aquela que se submete, se agacha e se prosterna diante de toda manifestação de força, de prepotência e de poderes, por mais absurdos e iníquos que sejam; é aquela que se julga inferior, incapaz, impotente, sem prestígio e sem mérito, sem valor nenhum, em suma, que se supõe uma nulidade completa.

Semelhante juízo sobre a humildade é uma afronta atirada ao Cristianismo de Jesus. Não obstante, há muita gente, dentro e fora daquela doutrina, que pensa desse modo e incute nas massas ignaras semelhante absurdidade.

A humildade não se incompatibiliza com energia de ação, de vez que a energia é também uma virtude. Tampouco, ser humilde importa em nos desdenharmos, desmerecendo-nos e nos apoucando no conceito próprio. Aquele que descrê de si mesmo é um fracassado na vida. Em realidade, devemos considerar-nos como obras divinas, que de fato somos, e, portanto, de valor infinito. Devemos valorizar essa obra, na parte que nos toca, lutando incessantemente pela nossa espiritualização, libertando-nos das injunções inferiores da animalidade, a fim de que nos aproximemos, cada vez mais, da Suprema Perfeição — fonte eterna de onde promana a vida, debaixo de todas as suas formas e modalidades. Esta, a lição que aprendemos no Evangelho; esta é a verdadeira doutrina messiânica. Para o Divino Mestre, todo homem é filho de Deus, representando, por isso, valia incomparável. Haja vista como Ele tratou os leprosos, a mulher adúltera e a grande pecadora. Para Ele, o mais enfermo é o que mais precisa da sua medicina. A ninguém desprezava e a ninguém jamais ensinou que se desprezasse e se aviltasse a si mesmo, mas que se erguesse do pó e da lama, voltando-se para a frente e para o Alto. *Tende bom ânimo* — era a sua advertência predileta. *Tudo é possível àquele que crê* — foi também o seu estribilho. Quanto à energia, Jesus deu, dessa virtude, os mais edificantes testemunhos em todas as conjunturas da sua vida terrena, culminando na expulsão dos vendilhões do templo, os quais apostrofou com estas candentes palavras: "Fizestes da casa de oração um covil de ladrões".

Francisco de Assis — o grande apóstolo da humildade —, quem ousará negar que foi ele enérgico na sustentação dos postulados que encarnara? Sua existência toda foi um exemplo de humildade, aliada ao combate franco e decidido ao reverso daquela virtude, isto é, ao luxo, às pompas, ao fausto e a todas as expressões de grandeza e de exterioridade fascinadoras dos sentidos.

Não precisamos, pois, incompatibilizar-nos com a energia, para que sejamos humildes; não precisamos, outrossim, amesquinharmo-nos e nos desmerecermos aos nossos próprios olhos, para engastarmos em nossos caracteres o magnífico diamante cristão: basta que reconheçamos, em Deus, o pai comum de toda a Humanidade; e nos homens — *sem distinção de raças, classes e credos* — nossos irmãos, procedentes da mesma origem, com os mesmos direitos, sujeitos à mesma lei de justiça, votados, todos, ao mesmo destino, sem exclusivismos, sem privilégios de espécie alguma, sem exceções odiosas, estas ou aquelas — porquanto, humildade significa ausência de orgulho dominando o espírito; significa coração simples, destituído de soberba, iluminado pelas claridades da justiça divina, justiça essa que desperta nas almas o verdadeiro senso de igualdade e o sagrado sentimento de fraternidade.

O segredo da vida

A vida decorre de duas alternativas que se sucedem num ritmo contínuo: dar e receber.

Quem dá pouco, pouco recebe. Quem mais dá, mais recebe e mais vive porque vive a vida mais intensa. "Eu vim para terdes vida, e vida em abundância."

A vida verdadeira, a única vida, é a do Espírito. A que se revela através das formas organizadas é, apenas, o reflexo daquela, tal como a luz da Lua não passa de reflexo do Sol.

O corpo humano vive graças às constantes permutas que nele se processam. Há células que se renovam em poucos dias. Deram o que tinham, morreram e ressurgiram em novos corpos hauridos na fonte da vida eterna.

"Em verdade, em verdade vos digo: Se o grão de trigo, caindo na terra, não morrer, fica só; mas, se morrer, dará muito fruto."

O milagre da multiplicação dos pães, cotidianamente reproduzido no seio da terra, opera-se mediante o sacrifício da semente. É necessário que ela se renuncie, dando-se a si mesma, para que a vida, nela oculta, se manifeste em toda a sua pujança. "Quem renuncia a sua vida neste mundo, conservá-la-á, para a eternidade."

O egoísmo é contraproducente em suas expressões. Destrói e espalha, pretendendo manter e ajuntar. Quem dá a vida da forma aumenta a vida real, que é a do Espírito. Sujeitando a vida do corpo, que é a reflexa, à vida do Espírito, que é a verdadeira, fazemos crescer em nós o potencial da vida, percebendo-a e sentindo-a em grau cada vez mais elevado.

Mais espiritualmente corresponde a mais vida, mais poder, mais luz, mais aptidão.

"As obras que eu faço, não as faço de mim mesmo. O Pai, que está em mim, produz as obras." "Tudo o que eu faço, vós também podereis fazer, e coisas ainda maiores."

A vida é amor. O egoísmo é a morte. Deus é a dádiva perpétua. Ele não dá por medida. O egoísmo do homem é que delimita suas dádivas e seus dons. Quem pouco recebe é porque pouco dá. A capacidade de receber está em relação com a capacidade de dar. "Dai e dar-se-vos-á, boa medida, bem cogulada, transbordando."

De outra sorte, a vida consiste em aprender e ensinar. Quem mais ensina é quem mais aprende. Quem mais se dispõe a aprender é quem melhor ensina. Por pouco que saibamos, há sempre quem saiba ainda menos, a quem podemos ensinar. Quanto mais sabemos, mais reconhecemos a nossa ignorância e mais vontade temos de aprender. *Aprender e ensinar.* Subir, auxiliado pelos que se acham em cima, auxiliando, por sua vez, a escalada dos que se encontram embaixo: tal é a Lei.

Dar e receber: eis o segredo da vida.

Quem dizeis vós que Eu sou?

À pergunta que nos serve de epígrafe, dirigida por Jesus aos seus discípulos, Pedro, iluminado pelas luzes do Alto, assim respondeu: "Tu és o Cristo, filho do Deus Vivo". (*Mateus*, 16:16.)

A despeito, porém, dessa clara e concisa revelação, a cristandade, mal conduzida e mal orientada, faz da individualidade do Mestre tema de controvérsias e, pior do que isso, pedra de tropeço e pomo de discórdias.

Assim é que os credos estruturados nos dogmas afirmam que Jesus é o próprio Deus Criador, de vez que não é um homem como os demais. Outros descambam pelo extremo oposto, dizendo que Jesus, não sendo Deus, é homem, na acepção comum a todos os filhos da carne e do sangue.

Quer-nos parecer que nenhum desses enunciados se conforma com a realidade. Não sendo homem, é Deus. Não sendo Deus, é homem — são falsas premissas que conduzem naturalmente a falsa conclusão. Entre Deus e o homem não existirá, acaso, uma série hierárquica de seres, como existe entre o homem e o verme? Entre essas duas séries, qual será a maior? A que vai do verme ao homem é imensurável. A que vai do homem a Deus é infinita. Como, pois, estabelecer o ilogismo: Não é Deus, logo é homem; não é homem, logo é Deus? Nem tanto ao mar nem tanto à terra. Mais uma vez se verifica o acerto do adágio: *In medio virtus* [A virtude está no meio]. *Virtus*, no caso em apreço, equivale a *Veritas* [Verdade].

A cadeia da evolução é semelhante à escada de Jacó, cujas extremidades se apoiavam, respectivamente, na Terra e no espaço infinito. Os elos dessa corrente são como as areias do mar e as estrelas do céu. Os animais se humanizam, os homens se divinizam. Vós sois deuses, rezam as Escrituras. A marcha é contínua e progressiva. "Vede os lírios do campo; não tecem nem fiam, mas vestem-se com mais pompa que os áulicos de Salomão". "Vede as aves do céu. Elas não semeiam nem ceifam, não ajuntam em celeiros; no entanto, vivem com alegria de viver, porque nada lhes falta". Toda a infinita criação está contida no pensamento amorável do Pai Celestial que tudo previu e proveu. Os reinos da Natureza se entrelaçam e se conjugam, deslizando, suave e docemente, para a frente e para o Alto.

Jesus, portanto, não é Deus nem é homem. É Filho de Deus vivo, conforme foi revelado através da mediunidade do velho pescador da Galileia. Mas objetarão: Filhos de Deus são todos os homens. Perdão. Os mortais, por enquanto, são filhos da carne e do sangue, sujeitos às contingências do nascimento e da morte. "Quando, porém, forem julgados dignos de alcançar a ressurreição dentre os mortos, não mais poderão morrer, tornando-se iguais aos anjos e filhos de Deus, por serem filhos da ressurreição."

A filiação de Jesus é divina como a nossa também o é, com a diferença que a do Senhor é exclusivamente divina, enquanto a nossa ainda é mista, isto é, somos filhos de Deus e da carne, pois desta ainda não logramos a derradeira e definitiva ressurreição. A nossa esfera de atividades está dentro do ciclo correspondente ao aforismo kardequiano: *Nascer, morrer, renascer ainda e progredir sempre: tal é a lei.*

"Vós sois daqui, eu não sou daqui. Sou o pão que desceu do Céu. Quem comer deste pão viverá eternamente. Eu sou a ressurreição e a vida. Aquele que crê em mim, ainda que esteja morto, viverá. Crês isto?"

Como sabemos que Jesus é super-homem no rigoroso sentido da expressão? Não é só pela revelação, mas também pelo testemunho que Ele deu mediante as obras que praticou diretamente em sua passagem pelo mundo, obras essas que continua executando, indiretamente, através dos mártires da fé, dos apóstolos da justiça e da liberdade e, finalmente, de todos os que se batem pelo advento do Reino de Deus na Terra.

A evolução da guerra

"Julgais que vim trazer paz à Terra? Não vim trazer paz, mas espada. Vim atear fogo. E que mais quero se esse fogo está aceso?"

(MATEUS, 10:34; LUCAS, 12:49 e 51.)

O homem põe e Deus dispõe — reza um conhecido rifão popular. Esse adágio é muito verdadeiro, revelando sua sabedoria em vários aspectos da vida humana. Basta que tenhamos "olhos de ver" para verificarmos o seu acerto.

A conflagração que ora assola o mundo é do mais requintado egoísmo sob suas expressões de cobiça, conquistas, imperialismo, hegemonia. Nada obstante, no desenrolar dos acontecimentos, a guerra evolveu, do plano rasteiro e ignóbil onde foi gerada, para as esferas elevadas da Espiritualidade, convertendo-se em luta da Luz contra as trevas; da Verdade contra a hipocrisia e as imposturas; da Liberdade contra a opressão declarada ou mascarada; da Razão contra a força; do Direito contra o arbítrio e os privilégios; da Justiça contra a iniquidade — finalmente — do Amor contra o egoísmo.

A peleja generalizou-se, abrangendo todos os setores: é de nação contra nação e de povo contra povo; é de grupo contra grupo no seio do mesmo povo; é de indivíduo contra indivíduo dentro do mesmo lar; é, em suma, do sentimento do bem contra o sentimento do mal, no recesso de cada coração, cumprindo-se assim o vaticínio daquele que é a luz do mundo e o caminho da verdadeira vida: "Não vim trazer paz à Terra, mas espada. Vim atear fogo. E que mais quero se esse fogo já está aceso?".

Realiza-se, pois, a profecia do Vidente de Nazaré. O fogo está aceso! Suas chamas lançam às alturas imensuráveis os rubros clarões do incêndio que envolve o orbe terráqueo. Esse abrasamento só cessará após haver cumprido sua missão purificadora, destruindo as misérias e as injustiças sociais, preparando, ao mesmo tempo, a ambiência propícia à frutificação de uma nova Humanidade que se regerá pelo Direito iluminado pelas claridades do amor.

Os problemas sociais do pauperismo, do desemprego, da enfermidade, do crime e do vício revelados na parábola dos cabritos e das ovelhas, sob as figuras dos famintos, sedentos e nus, dos forasteiros que perambulam sem trabalho e sem lar e dos doentes sem assistência, constituem questões de grande relevância até aqui esquecidas e negligenciadas, conforme se deduz desta justa recriminação do Juiz julgador: "Tive fome e não me destes de comer; tive sede e não me destes de beber; estive nu e não me vestistes; forasteiro e não me recolhestes; encarcerado e enfermo e não me visitastes". (*Mateus*, 25:42 e 43.)

O efeito desse criminoso descaso recai sobre todos, começando nos dirigentes, que são os mais responsáveis, estendendo-se, de grau em grau, até àqueles que possuem a menor parcela de autoridade.

Os miseráveis, os desempregados, os enfermos e as vítimas do crime e do vício clamam, onde quer que se encontrem, em nome do Cristo de Deus, contra o abandono a que foram votados, por isso que Jesus encarna seus males e suas dores, debaixo desta significativa expressão: "Em verdade vos digo que todas as vezes que deixastes de assistir um desses meus irmãos mais pequeninos, foi a mim que o deixastes de fazer". (*Mateus*, 25:45.)

Os párias e os órfãos protestam, pois, com ardor e veemência, como encarnações que são do Rei julgador, contra os foros da civilização materialista, ostentada pelas grandes e ricas nações através dos arranha-céus, palácios, rodovias, monumentos, indústria, comércio e arte; protestam, ainda, em nome da moral e do espírito cristão, contra o Cristianismo que se diz reinar numa sociedade onde o Cristo se apresenta faminto, sedento, nu, enfermo, encarcerado e forasteiro, jazendo esquecido e abandonado!

A espada foi desembainhada! O fogo está aceso! A profecia se cumpre!

A vide e os sarmentos

"Eu sou a videira verdadeira e meu Pai é o viticultor. Toda vara em mim que não dá fruto, Ele a corta; e a vara que dá fruto, Ele a limpa para que dê mais abundante. Vós já estais limpos pela palavra que vos tenho falado. Permanecei em mim, e eu permanecerei em vós. Como a vara não pode dar fruto de si mesma, se não permanecer na videira, assim nem vós o podeis dar se não permanecerdes em mim. Aquele que permanece em mim e no qual eu permaneço, dá muito fruto, pois sem mim nada podeis fazer. Se alguém não permanecer em mim, é lançado fora como a vara, e seca-se; semelhantes varas são ajuntadas, lançadas no fogo, e elas ardem."

(João, 15:1 a 6.)

Conforme vemos pelo trecho acima, Jesus apresenta-se nesta alegoria em suas relações íntimas com os discípulos e com aquele que o enviou a este mundo. Compara-se à vide, sendo o Pai o viticultor, e os apóstolos, os sarmentos.

A videira com as respectivas varas encarnam, pois, a Igreja viva do Cristo em sua unidade perfeita. Sua missão, como a da vide, é produzir frutos. Abstraindo-nos da frutificação, tanto a vide como a igreja nada representam. A finalidade de uma e de outra está nos frutos. Estes, na vide, pendem dos sarmentos, porém, os sarmentos, de si mesmos, nada produzem, de vez que sua fertilidade decorre de certo elemento vital fornecido pela cepa que, a seu turno, absorve-o do seio da terra através das suas raízes ali mergulhadas.

A seiva, portanto, que é a vida da videira como o sangue é a vida do corpo animal, prefigura o poder vivificante que o Cristo de Deus transmite aos que, em verdade, se dispõem a seguir-lhe as luminosas pegadas.

A prova, por conseguinte, de que estamos com Ele, de que realmente somos varas integradas na vide, verificar-se-á nos frutos que produzamos. Frutos de espiritualidade, de abnegação e renúncia, de bondade e de justiça.

O sarmento destacado da cepa destaca-se também dos demais, porque é na videira que eles encontram o ponto de mútuo contato.

Outro tanto sucede com aqueles que se divorciam do Cristo: quebram a unidade da Igreja, separando-se dos seus irmãos. É em Cristo Jesus, em sua escola e em seus preceitos éticos que se há de consumar, um dia, a união entre os homens. Ele é o centro de convergência, é a força aglutinadora que congraçará a Humanidade, destruindo as causas de separação que, até aqui, a têm mantido desunida e desagregada. "Quando eu for levantado, atrairei todos a mim."

O homem nada é, considerado isoladamente. Ele é parte do todo. Quanto mais identificado com a unidade, tanto mais produzirá. O isolacionismo é uma das formas mais funestas do egoísmo. A ideologia das ditaduras, expressa na fórmula — cada nação deve bastar-se a si própria —, é uma quimera perigosa e estúpida, pois, isolando os povos, acoroçoa entre eles o sentimento de supremacia, fermento gerador de rivalidades que culminam nas guerras sanguinolentas e cruéis como essa que ora acaba de lançar a Humanidade na ruína e no caos.

Deus é fonte eterna da vida em todas as suas modalidades de energia e de produção. Jesus é o seu Ungido para estabelecer o liame entre o céu e a terra, o Espírito e a matéria, o humano e o divino. Tal é o sentido destes dizeres: Eu sou a videira, vós sois as varas, e meu Pai é o viticultor. Nesse entrosamento está o Alfa e o Ômega.

O homem isolado da comunidade é vara destacada da vide: esteriliza-se e seca. Esta assertiva é uma realidade tanto no que respeita ao indivíduo como no que concerne às nações. Se a política isolacionista, outrora vigente na América do Norte, não mantivesse por tanto tempo os Estados Unidos separados das demais nações, ter-se-ia evitado a conflagração atual que acabou por submergir o planeta num mar de sangue, de lágrimas e de angústia.

Oxalá os responsáveis pelos destinos desta Humanidade aproveitem a lição, ganhando a paz, depois de terem ganho a guerra.

As varas estéreis, diz a parábola, serão cortadas e lançadas ao fogo, o que vale dizer que os elementos insanos, obstinados no mal, ficarão entregues a si próprios, ardendo no fogo do remorso originado dos delitos cometidos. As varas produtivas serão limpas, isto é, se desvencilharão, através de experiências e provas, de todos os laivos de impureza, a fim de que produzam mais abundantemente.

Conforme vemos, existe, de fato, perfeita analogia entre a videira e a Igreja viva do Cordeiro de Deus. Apenas uma diferença formal as distingue: diferença essa que convém acentuar, de vez que encerra grande ensinamento: a vida tem suas raízes entranhadas no seio da terra de onde aure a seiva que transmite aos sarmentos. A Igreja do Cristo tem suas raízes voltadas para cima, mergulhadas nas esferas celestiais, fonte inexaurível de vida espiritual que vai absorvendo e transfundindo naqueles que a ela se acham incorporados.

O mordomo infiel

É admirável a maneira simples e clara com que o Mestre da Galileia abordava certos assuntos, tidos, até hoje, como complexos e difíceis de serem apreendidos e solucionados.

Jesus tudo esclarecia em poucas e concisas palavras. Os homens, porém, acham que as medidas propostas pelo Instrutor e Guia da Humanidade, acerca de vários problemas sociais, são impraticáveis.

Mas a grande verdade, verdade que cada vez mais e mais se impõe, é que os homens não conseguem resolver seus perturbadores problemas pelos processos e meios que se afastam daqueles indicados e preconizados por Jesus.

É excusado tergiversar e contornar os casos. Os homens hão de chegar à conclusão de que só seguindo as pegadas daquele que "é o caminho da verdadeira vida", lograrão sair do caos em que se acham.

A diferença entre os métodos humanos e aqueles adotados pelo Divino Mestre está em que os homens experimentam, procurando acertar, enquanto Jesus vai, seguro e certo, ferindo o alvo, sem vacilações nem delongas; está ainda em que os homens agem influenciados pelo egoísmo, ao passo que o Filho de Deus atua sempre iluminado pelas claridades do amor, visando ao bem coletivo.

Vamos, pois, meditar a Parábola do mordomo infiel. Vejamos como o Senhor a concebeu, segundo o relato de *Lucas*, 16:1 a 13.

> Havia um homem rico que tinha um administrador; e este lhe foi denunciado como esbanjador dos seus bens. Chamou-o, então, e lhe disse: "Que é isto que ouço dizer de ti? dá conta da tua administração; pois já não podes mais ser meu administrador."
>
> Disse o feitor consigo: "Que hei de fazer, já que o meu amo me tira a administração? Não tenho forças para cavar, e de mendigar tenho vergonha. Eu sei o que farei, para que, quando despedido do meu emprego, tenha quem me receba em suas casas."
>
> Convocando os devedores do seu amo, perguntou ao primeiro: "Quanto deves ao meu amo?" Respondeu ele: "Cem cados de azeite". Disse-lhe então: "Toma a tua conta; senta-te depressa e escreve cinquenta."
>
> Depois perguntou a outro: "Quanto deves tu?". Respondeu ele: "Cem coros de trigo." Disse-lhe: "Toma a tua conta e escreve oitenta."
>
> E o amo, sabendo de tudo, louvou o mordomo infiel por haver procedido sabiamente; porque os filhos do século são mais sábios na sua geração do que os filhos da luz. E eu vos digo: "Granjeai amigos com as riquezas da iniquidade, para que, quando estas vos faltarem, vos recebam eles nos tabernáculos eternos."
>
> Quem é fiel no pouco também será no muito; e quem é infiel no pouco também o será no muito. Se, pois, não fostes fiéis nas riquezas iníquas, quem vos confiará as verdadeiras? E se não fostes fiéis no alheio, quem vos dará o que é vosso?
>
> Nenhum servo pode servir a dois senhores; pois há de aborrecer a um e amar a outro, ou há de unir-se a este e desprezar aquele. Não podeis servir a Deus e às riquezas."

Em tal importa, em sua literalidade, a Parábola do mordomo infiel. Para sermos sintéticos, como é aconselhável que sejamos em crônicas desta natureza, comecemos por interpretar as personagens que figuram neste conto evangélico.

Quem é o rico proprietário? Onde a sua propriedade agrícola? Quem é o administrador infiel? Quem são os devedores beneficiados pela astúcia do mordomo demissionário?

O proprietário prefigura indubitavelmente aquele que é a Causa Suprema e Soberana, donde procede o Universo: Deus. Ele é o Senhor, criador, plasmador e mantenedor dos seres, dos mundos e dos sóis. Nele vivemos e nos movemos, porque dele somos geração — como disse Paulo de Tarso.

A propriedade a que alude a parábola é o planeta que habitamos: a Terra.

O mordomo infiel — somos nós; é o homem. A nossa infidelidade procede do fato de nos apossarmos dos bens que nos foram confiados para administrar. Somos mordomos dolosos porque praticamos o delito que juridicamente se denomina — *apropriação indébita*.

Deste caráter são todos os haveres que retemos em mãos, considerando-os nossa propriedade. A realidade, no entanto, é que daqui, da Terra, nada é nosso. Não passamos de simples administradores. Tanto assim, que o dia de prestação de contas chega para todos. É o que na parábola representa — *a demissão*. Todo mordomo infiel será, com a morte, despedido da mordomia, despojando-se, então, *muito a contragosto*, dos bens materiais em cuja posse se achava.

A despeito dos homens saberem que é assim, visto como estão vendo, todos os dias, os abastados serem privados das suas riquezas, as quais passam a pertencer, temporariamente, a terceiros, eles dedicam o melhor de sua inteligência e dos seus esforços na conquista e na retenção dos bens temporais. Iludem-se, deixando-se sugestionar com a ideia de *posse*. E, nesse delírio, os homens vivem, porfiam e lutam há milênios, sem que se convençam de que tudo, neste mundo, é precário e instável.

Não só as riquezas e fazendas não nos pertencem, como não são igualmente nossos aqueles que estão ligados a nós pelos laços da carne e do sangue. A esposa diz: meu marido. Este, de igual modo, reportando-se à companheira, diz: minha esposa. De fato, porém, não é assim. O estado de viuvez em que ficam homens e mulheres reflete, penosamente, a grande verdade: daqui, *nada é nosso*.

Com que profundo e sagrado apego as mães dizem: meu filho! Eis que esse filho das suas entranhas, carne da sua carne e sangue do seu sangue, é chamado para o Além, e a mãe fica sem ele! O próprio corpo com que nos apresentamos, essa vestidura carnal que nos dá a forma sob a qual somos conhecidos, também não nos pertence, pois a qualquer momento podemos ser privados da sua posse.

É assim tudo neste meio em que ora vivemos; *nada* é nosso. Somos meros depositários e usufrutuários, por tempo limitado e incerto, de tudo que nos vem às mãos, inclusive parentes, amigos, mocidade, saúde, beleza e até mesmo o indumento físico com que nos achamos vestidos.

Não obstante, todos nos apegamos às coisas terrenas, como se realmente constituíssem legítima propriedade nossa. O egoísmo age em nós como velho instinto de conservação, determinando nossa conduta. Pois bem, já que nos apossamos indevidamente da propriedade que nos foi confiada para administrar, façamos, então, como o mordomo da parábola em apreço. Que fez ele? Conquistou amigos com a riqueza do seu amo. De que maneira? Convocando os devedores daquele, e reduzindo as suas dívidas, para que, após a demissão do cargo que exercia, pudesse contar com amigos que o favorecessem. O amo, sabendo desse procedimento, longe de censurar, louvou a prudência e a sabedoria do mordomo. E Jesus termina a parábola, dizendo: "Assim, eu vos digo: Granjeai amigos com as riquezas da iniquidade, para que, quando estas vos faltarem, vos recebam eles, nos tabernáculos eternos".

É bastante claro o conselho do Mestre, o qual pode ser assim resumido: já que vos apoderais das riquezas terrenas como se fossem vossas, fazei ao menos como este mordomo — isto é, beneficiai os que sofrem, atentai para os necessitados, minorando as suas angústias e padecimentos. Toda vez, pois, que acudimos as necessidades do nosso próximo, reduzimos a conta dos devedores, de vez que toda a sorte de sofrimento importa, quase sempre, em resgate de débitos passados. Procedendo desta maneira, quando, despojados dos bens terrenos, partirmos para os tabernáculos eternos, teremos ali quem nos receba e nos acolha com bondade e gratidão.

Cumpre notarmos ainda esta frase do Mestre: "Porque os filhos deste século são mais sábios na sua geração do que os filhos da luz". Quer isto dizer que o mordomo infiel, filho do século, foi mais sábio, preparando e assegurando o seu futuro, aqui no mundo, do que os filhos da luz, no que respeita ao modo como procedem para assegurar o porvir que os espera após a morte.

Realmente, se os já esclarecidos sobre a vida futura agissem procurando garantir a sua felicidade vindoura com o afã e o denodo com que os homens do século procedem no terreno utilitário, para satisfazerem suas ambições, certamente aqueles já teriam galgado planos superiores, deixando uma esteira de luz após a sua passagem por este orbe de trevas.

Basta considerarmos a soma de esforços, de engenho, de arte, de arrojo e de sacrifício que os homens empregam na guerra, para ver como os filhos do século vão ao extremo, na loucura das suas ambições. Ora, o que não conseguiriam os filhos da luz, se, na esfera do bem, agissem com tamanha dedicação?

Razão tem o Mestre em proclamar que os homens do século são mais esforçados e diligentes, nas suas empresas, do que os *filhos da luz* em seus empreendimentos.

Ratificando a assertiva de que toda *riqueza é iníqua*, Jesus aborda as seguintes considerações:

"Quem é fiel no pouco, também o será no muito; e quem se mostra infiel no pouco, por certo o será também no muito. Se, pois, não fostes fiéis nas *riquezas iníquas*, quem vos confiará as verdadeiras? E se não fostes fiéis no alheio, quem vos dará o que é vosso?

Nenhum servo pode servir a dois senhores: a Deus e às riquezas."

Está visto que o pouco, o iníquo e o alheio — que nos foram confiados — representam os bens terrenos; ao passo que o muito, as nossas legítimas riquezas estão expressas nos dons do espírito — tais como a sabedoria e a virtude. Estes, porém, só nos serão concedidos quando o merecermos, isto é, quando, experimentados no pouco, tenhamos dado boas contas.

Conforme vemos, a moralidade desta parábola é clara e edificante, envolvendo interessante caso de Sociologia.

Quando os homens se inteirarem de seu espírito, deixarão de ser ávidos e cúpidos, prestando o seu concurso aos menos favorecidos, não com aquela jactância e vaidade dos que buscam aplausos da sociedade, nem com a falsa visão dos que pretendem negociar com a Divindade uma posição de destaque no Céu —, mas como o cumprimento de um dever natural, de quem sabe que os bens terrenos não constituem privilégio de ninguém, mas devem ser utilizados por todos os filhos de Deus que envergaram a libré da carne neste mundo, a fim de resgatar as culpas do passado, elaborando, ao mesmo tempo, as premissas de um futuro auspicioso.

Ao gesto de dar esmolas, eivado de egoísmo, e, não raro, de hipocrisia, teremos a ideia de justiça, derivada da compreensão das responsabilidades assumidas pelos detentores de riquezas, provindas desta ou daquela origem, pouco importa, visto como, consoante o critério evangélico, elas são sempre iníquas. E o meio de justificá-las está em proceder como o mordomo infiel, reduzindo a conta dos devedores, isto é, *minorando as angústias materiais do próximo.*

São esses os ensinamentos que nos dão os Espíritos do Senhor, que são as virtudes do Céu. Eles assim agem no desempenho do mandato que lhes foi confiado, consoante a seguinte promessa de Jesus:

"Em tempo oportuno, eu vos enviarei o Espírito da Verdade. Ele vos lembrará as minhas palavras e vos revelará novos conhecimentos, à medida que puderdes comportá-los." (*João*, 15:26 e 27.)

Essa plêiade de Espíritos está em atividade. Não há forças nem traças humanas capazes de sustar a sua ação, a qual se exercerá, malgrado os interesses contrariados. Sua finalidade é esclarecer as consciências, revivendo, em espírito e verdade, a doutrina inconfundível de Jesus, o único Mestre, Senhor e Guia da Humanidade, *luz do mundo e caminho da verdadeira vida!*

Espiritualidade

A velha ortodoxia estabelece teoricamente uma divisa fundamental entre o Espírito e a matéria, criando, desta maneira, duas esferas distintas, uma denominada material, outra espiritual.

Semelhante divórcio, porém, em realidade não existe. Matéria e Espírito são inseparáveis, evolvendo ambos consoante a lei iniludível que preside à infinita criação. Matéria e Espírito são obras divinas, e, por isso mesmo, imperecíveis, eternas. "Não separe, pois, o homem, o que Deus ajuntou."

Geralmente, sempre que o indivíduo claudica na senda da moral ou do dever, costuma-se atribuir o fato às fraquezas da carne, quando, em verdade, o único responsável é o Espírito. Assim como a arma empregada para perpetrar o homicídio não responde por aquele delito, assim também a matéria nada tem que ver com as erronias, as faltas e as iniquidades que praticamos, visto como ao Espírito compete dirigi-la, submetendo os seus arrastamentos ao controle da razão e da consciência. Quando um barco bate de encontro aos recifes e soçobra, a culpa não cabe ao leme, mas àquele que o manobra, porquanto é da obrigação do timoneiro conhecer a rota por onde navega. Se se verifica uma colisão entre duas embarcações envoltas em cerração espessa, a responsabilidade não é do nevoeiro, mas dos respectivos capitães dos navios, que não providenciaram as medidas adequadas para esses transes, a fim de evitar o abalroamento.

Os homens têm por hábito procurar uma escapatória para inocentarem-se, fazendo, por isso, da carne, o bode expiatório das suas culpas. Daí o malsinar-se a matéria, considerando-a nossa inimiga, quando, de fato, é o instrumento precioso através do qual a psique realiza a sua ascensão.

O que cumpre fazer é espiritualizar a matéria, em vez de materializar o Espírito como, em geral, fazemos. Todos os atos, mesmo aqueles que nos parecem mais materiais, devem ser executados com certo cunho de espiritualidade. O comer, por exemplo, que se nos afigura essencialmente material, é preciso que se faça com inteligência e discernimento, o que vale dizer, com direção e orientação espirituais.

O pão que nutre o corpo é tão sagrado como o símbolo da eucaristia. Importa que ambos sejam encarados com santidade e gratidão. A transubstanciação do pão celeste, que é a palavra de Deus, em força espiritual que regenera e redime, é tão digna de admiração e respeito como a transubstanciação do alimento em sangue, base da vida corpórea. Há em ambas as metamorfoses um prodígio operado à revelia do homem, e a que podemos chamar — milagre.

E assim sucede com tudo o mais que se relaciona com a ação do elemento material. Espiritualizemos, pois, os nossos atos, tanto aqueles que reputamos espirituais quanto os que classificamos como materiais, certos de que todos os problemas que nos afetam no presente, como os que nos atingirem no futuro, só poderão ser solucionados pelo Espírito, visto não existirem problemas materiais.

A carestia, o pauperismo, as doenças, o crime, o vício e outros flagelos são contingências da vida humana criadas e mantidas pelos homens, as quais só desaparecerão mediante a espiritualização dos costumes, hábitos e leis vigentes no cenário terreno. Quaisquer outras medidas que se empreguem para conjurar aquelas anomalias serão meros paliativos, jamais as resolverão.

O grande iluminado de Damasco, em sua *Epístola aos Romanos* (12:1 e 2), exorta aquele grupo de crentes, em tom de súplica veemente, nos seguintes termos: "Rogo-vos, irmãos, pela compaixão de Deus, que apresenteis os vossos corpos como hóstia viva, santa e agradável a Deus, pois em tal importa o culto racional; e não vos conformeis com este mundo, mas transformai-vos pela renovação da vossa mente, para que proveis qual é a boa e perfeita vontade de Deus".

Como vemos, Paulo sintetiza admiravelmente, nesse trecho supracitado, o verdadeiro sentido do culto divino, o qual se resume em espiritualizar nosso corpo de modo a transformá-lo em oblata viva. São, ainda, desse vexilário da fé estas sábias palavras: *O templo de Deus, que sois vós, é santo.*

Nosso corpo, portanto, não é coisa desprezível, mas, muito ao contrário, é templo de Deus, é hóstia que a Ele devemos ofertar, devidamente purificada. Infligir-lhe sevícias, encerrá-lo em celas, claustros e clausuras, privando-o da luz bendita do Sol, da liberdade e dos demais benefícios da Natureza, longe de agradar a Deus, constitui afronta às suas leis e atentado à sua ordem e à harmonia que Ele imprimiu ao curso da vida. Não será macerando a carne, mas fortalecendo o Espírito, que venceremos as tentações e as nossas tendências viciosas. É com chave verdadeira e não com gazua que abriremos as portas dos tabernáculos eternos.

Não profanemos a matéria, não enxovalhemos a vestidura carnal que envergamos; tratemos de espiritualizá-la, encetando, quanto antes, a obra de sua incorruptibilidade qual o fez o Divino Mestre, cujo corpo não viu corrupção, desaparecendo do sepulcro onde o inumaram.

"Em nosso campo doutrinário precisamos, em verdade, do Espiritismo e do Espiritualismo, mas, muito mais, de *Espiritualidade*."

Vaidade

"Vanitas vanitatum, et omnia vanitas".*

(Eclesiastes, 1:2.)

Este mundo, como planeta de categoria inferior, é um grande palco de vaidades onde se entrechocam as vítimas daquele mal.

Dizemos — vítimas — porque realmente o são todos os que se deixam enredar nas malhas urdidas pelas múltiplas modalidades em que o orgulho se desdobra.

A vaidade sempre produz resultado oposto àquele a que suas vítimas aspiram, confirmando destarte a sábia assertiva do Mestre: "Os que se exaltam serão humilhados". (*Mateus*, 23:12.)

Se meditássemos na razão por que Jesus, no Sermão do Monte, primeiro contato que teve com o povo, iniciou aquela prédica dizendo — "bem-aventurados os humildes de espírito, porque deles é o Reino dos Céus" —, ficaríamos sabendo que a soberba, sob seus vários aspectos, constitui a pedra de tropeço que embarga nossos passos na conquista dos bens imperecíveis consubstanciados no Reino de Deus.

---

*Vaidade das vaidades, é tudo vaidade.

Geralmente se costuma glosar em todos os tons a vaidade da mulher. E que diremos da do homem? A vaidade da mulher está na periferia, é inócua, quase inocente. Seus efeitos recaem sobre ela própria, não afeta terceiros; demais, o tempo mesmo se incumbe de corrigi-la, mostrando-lhe a ingenuidade de sua presunção. E a do chamado sexo forte? Realmente, ao menos nesse particular a denominação assenta-lhe perfeitamente. A vaidade do homem é profunda, radica-se nos refolhos recônditos do seu coração. É cruel, é feroz e sinistra em seus malefícios, cujos efeitos, por vezes, separam amigos, destroem povos e arruínam nações. A vaidade do homem tem feito correr rios de sangue e torrentes de lágrimas, estendendo o negro véu da orfandade sobre milhares de seres que mal haviam iniciado a existência.

Para comprovarmos o asserto, temos o testemunho da história do passado e a do presente. Que fizeram os tiranos ditadores de ontem e de hoje? Que fator, senão a vaidade, preponderou no ânimo dos Napoleões, dos Júlios Césares, dos Hitlers e dos Mussolinis, levando-os a desencadearem conflagrações, cada um na sua época, tripudiando sobre a vida humana, o direito, a liberdade e a justiça?

Diante, pois, dos flagelos e das hecatombes deflagradas pela vaidade masculina, que representam o batom, o *rouge*, o esmalte, as permanentes? Coisas infantis, ingenuidades!

Cumpre ainda assinalarmos aqui que os edificantes exemplos de humildade registrados nos Evangelhos não tiveram nos homens os seus protagonistas, mas nas mulheres. Haja vista a atitude de Maria de Nazaré, já quando recebeu a investidura de Mãe do Cristo de Deus, já no que respeita à compostura em que se manteve, acompanhando o desenrolar dos acontecimentos que se relacionavam com seu Filho, da manjedoura à cruz. A figura quase apagada em que Maria se conservou é o pedestal de glória em que refulge seu adamantino Espírito, justificando assim a justeza e a propriedade da sentença do Senhor: "Os que se humilham serão exaltados".

***

Dizem que as guerras também contribuem para a obra da evolução. É certo que Deus sabe tirar das próprias loucuras que os homens cometem, os meios de corrigi-los e aperfeiçoá-los; todavia, não é menos certo que Deus não precisa nem necessita de tais insânias para realizar seus desígnios. A guerra, portanto, sendo uma calamidade, uma infração monstruosa das leis humana e divina, nada pode apresentar que a justifique. Como fruto do atraso moral, da cegueira espiritual e da vaidade dos homens, está condenada e proscrita pela consciência cristã revivida e proclamada pela Terceira Revelação.

Os problemas da vida

Podemos dizer, por hábito e força de expressão, que a vida humana encerra dois problemas — o físico e o espiritual. Daquele, os homens não se têm descuidado, pois constituiu sempre, através de todos os tempos, a sua máxima preocupação. Quanto ao segundo, eles o descuram lamentavelmente, esquecendo-se de que é por isso que os outros problemas — os materiais — continuam sem solução, apesar de tratados com tanto zelo e solicitude.

A inversão de valores, nesse particular, tem sido fatal à Humanidade. Do pão para a boca jamais o homem olvidou. Quando lhe falta ou escasseia, ele prorrompe em protestos e lamentos, entregando-se ao desespero. Da roupa, para cobrir o corpo, também nunca desdenhou, empregando engenho e arte para consegui-la sob as formas mais variadas e apropriadas a cada região do globo e a cada estação do ano. O teto para abrigar-se tem sido, a seu turno, objeto de suas cogitações constantes, dedicando a essa questão o melhor do seu tempo e de sua inteligência. Na pecúnia, nunca deixou de pensar, sendo que este elemento absorve sua mente quase por completo, pois a pecúnia é a mola a que tudo obedece neste mundo.

Será, no entanto, que o estômago é mais importante que a razão? Acaso os tubos digestivos representam mais que as cordas do sentimento?

Dirão, talvez, os homens "práticos e sabidos" que as utilidades desta vida devem realmente ser consideradas em primeiro plano, visto como, abstraindo-nos do pão, vestuário e teto, o mais não passa de teorias que carecem de importância; estamos no plano da matéria, encarnados num corpo que depende daquelas utilidades. Portanto, acima de tudo, cumpre atender a essa circunstância. De nada vale falar no pão do Espírito quando o estômago está vazio e o corpo nu. O que interessa aos famintos, aos miseráveis, aos desnudos e peregrinos, é pão para a boca, é vestuário, é teto.

Perfeitamente. As necessidades físicas requerem medidas imediatas, enquanto as necessidades espirituais, sendo de efeitos remotos, podem, sem prejuízo, ser adiadas *sine die*. Ninguém morre por carência de luz, mas certamente muitos perecem à míngua de pão. Tudo isso parece certo, e é assim que os "homens práticos" pensam, agindo sob o influxo desse critério.

Mas, assim sendo, porque então continuam insolúveis os problemas materiais do pão, do vestuário, do teto e da enfermidade, não falando já no do vício e do crime?

A resposta é óbvia e clara; é porque aqueles casos só serão solucionados à luz do Espírito.

Quando o problema espiritual for encarado e estudado como merece, verificar-se-á que os de categoria material estão intrinsecamente ligados àquele; não podem, portanto, resolver-se em separado, distintamente.

Enquanto persistirem no erro de colocar em primeiro lugar o corpo, nada de que o corpo carece estará acautelado e seguro. Logo, porém, que o Espírito esteja acima da matéria, a razão acima do estômago e o sentimento acima dos tubos digestivos, os problemas da vida terão pronta solução. "Buscai em primeiro lugar o Reino de Deus e a sua justiça; tudo o mais vos será dado de graça e por acréscimo."

Em realidade, não há problemas materiais; só existe um problema na vida: o espiritual. Mesmo por amor ao corpo, devemos cuidar do Espírito. Assim, pois, se estamos interessados nas coisas do corpo — como é natural que estejamos, porque a "máquina divina" é instrumento de nossa evolução —, cuidemos com afinco e perseverança, sem vacilações nem esmorecimentos, das coisas da alma. O corpo foi criado para o Espírito e não o Espírito para o corpo: eis a questão posta em seus devidos termos, e, ao mesmo tempo, eis como se acha a incógnita que encerra o senso da Vida.

O cego de nascença

> *"Jesus, passando, viu um homem cego de nascença. Perguntaram-lhe os discípulos: 'Mestre, quem pecou para que este homem nascesse cego, ele ou seus pais?'. Respondeu Jesus: 'Nem ele pecou nem seus pais, mas isto se deu para que as obras de Deus nele sejam manifestas...'. Tendo assim falado, misturou saliva com terra e, fazendo barro, aplicou-o nos olhos do cego, dizendo: 'Vai lavar-te no tanque de Siloé'. Ele foi, lavou-se e voltou vendo."*
>
> (João, 9:1 a 7.)

A pergunta dos discípulos sobre os motivos da cegueira daquele homem não foi descabida. No entanto, o caso não era de expiação para o padecente nem de provação para seus pais. Tratava-se de modesta, porém significativa missão. O Espírito encarnado no moço cego assumira, no Além, o compromisso de nascer privado da vista a fim de dar testemunho público de que Jesus é a luz do mundo, o Messias prometido.

Após haver respondido à interpelação que lhe foi dirigida, o Mestre aproximou-se do cego, e, untando-lhe os olhos com barro, composto de saliva e terra, disse-lhe: "Vai lavar-te no tanque de Siloé. Ele foi, lavou-se e voltou vendo".

Por que teria o Senhor usado aquela original terapêutica? Não poderia operar a cura independente do processo empregado? Ele agiu assim para completar o testemunho que o moço havia de dar, por isso que a denominação *Siloé* quer dizer Enviado.

Se os homens daquele tempo, e de todos os tempos, dispondo, embora, de vista física, tivessem "olhos de ver", por certo se convenceriam de que Jesus, de fato, é o Filho de Deus. Sendo, porém, cegos de espírito, nenhuma conclusão tiraram outrora, nem tiram na atualidade, dos prodígios e das maravilhas por Ele levadas a efeito.

Nada obstante, o milagre em apreço causou escândalo. A testemunha do Enviado foi levada à presença dos fariseus, que a interrogaram minuciosamente. O caso foi narrado com simplicidade e firmeza. Não havia negá-lo. Era evidente. Mas alegaram os sofistas adversários do Senhor: "Esse que te curou não é de Deus, não guardou o sábado". E, obstinados em sua incredulidade, mandaram vir os pais do mancebo e os interpelaram: "É este o vosso filho, que dizeis haver nascido cego? Como, pois, ele agora vê?" "Sim, este é nosso filho que nasceu cego; como, porém, agora vê, não sabemos; interrogai-o diretamente, já tem idade, falará por si."

Assim disseram os pais, temendo serem expulsos da sinagoga, porque estava já estabelecida aquela pena para os que confessassem ser Jesus, o Cristo. De novo, pois, é chamado o ex-cego, a quem disseram: "Dá glória a Deus; nós sabemos que aquele que te curou é pecador". Redarguiu o mancebo: "Se é pecador, não sei; de uma coisa estou bem certo: eu era cego, e agora vejo; desde que há mundo, nunca se soube que alguém abrisse os olhos a um cego de nascença". "Mas como foi isso?", objetaram os fariseus. "Já vo-lo disse", retrucou o humilde instrumento da Verdade; "por que desejais ouvir de novo? Quereis, acaso, tornar--vos discípulos de Jesus?" "Discípulo dele és tu", revidaram os fariseus; "nasceste todo em pecados, e queres ensinar-nos?". E, injuriando-o, expulsaram-no. (*João*, 9:24 a 34.)

O Mestre, tendo ciência do sucedido, procurou-o e a ele revelou-se, dizendo:

— Crês tu no Filho do homem?

— Quem é Ele, Senhor, para que eu nele creia?

— Já o viste, e é Ele quem fala contigo.

— Creio, Senhor. E o adorou.

Concluiu, então, Jesus:

— Eu vim a este mundo para um juízo, a fim de que os que não veem, vejam; e os que vêem, se tornem cegos.

Assim, realmente, tem acontecido. No desempenho de sua missão, o Divino Enviado vai iluminando os simples que intimamente se confessam inscientes, e confundindo os vaidosos e presumidos que se julgam sábios. Ele veio, de fato, abrir os olhos da alma aos que têm fome e sede de luz, pondo, ao mesmo tempo, a descoberto, a cegueira dos orgulhosos que dogmatizam de suas cátedras, blasfemando do que ignoram.

A história se repete. O que se passou com o Enviado, quando no desempenho das exemplificações que realizou no cenário terreno, passa-se, agora, com relação à fenomenologia e à ética espíritas.

O farisaísmo hodierno continua sofismando e negando. Um grande número, temendo excomunhão, não reflete em público a luz que bruxuleia em seu íntimo.

Todavia: *Veritas vincit* [A verdade vence].

Corpo terrestre e corpo celeste

> *"Nem toda carne é uma mesma carne, mas uma, certamente, é a dos homens e outra a dos animais, uma a das aves e outra a dos peixes. E corpos há celestes e corpos há terrestres, mas uma é, por certo, a glória dos celestes e outra a dos terrestres."*
>
> PAULO (I CORÍNTIOS, 15:39 a 40.)

O erudito Apóstolo das gentes, instruindo os membros da igreja de Corinto acerca da imortalidade, reporta-se, pelos dizeres acima, aos variadíssimos aspectos em que a matéria se desdobra, assumindo, como indumento do Espírito, estruturas apropriadas ao meio que lhe serve de campo de ação.

Assim, pois, como o Espírito age mediante o corpo físico quando encarnado, continuará agindo após a desencarnação através do corpo astral, fluídico, ou celeste, como o denomina Paulo. Trata-se do elemento intermediário entre o corpo físico e o Espírito, tal como foi revelado a Kardec, sob a denominação de perispírito. Esta vestidura permanece acompanhando os seres em sua trajetória evolutiva, passando, a seu turno, por transformações de conformidade com aquelas que se vão operando nos mesmos seres que a revestem. Por isso, essa veste estabelece e fixa automaticamente a ambiência própria às várias categorias de Espíritos, consoante o estado em que se encontram. Não há, pois, necessidade de barreiras que delimitem a zona em que devem permanecer. A separação entre bons e maus decorre naturalmente da natureza dos seus respectivos perispíritos. Cada um leva consigo o seu céu ou seu inferno, "o umbral" ou o lar celeste, onde permanecerá agindo e lutando, aprendendo e progredindo.

Além dessa função, o corpo celeste presta-se a outra de subida importância, que é registrar em sua maravilhosa tessitura todas as impressões, experiências, emoções e conhecimentos adquiridos pelo Espírito, tornando-se, assim, o repositório vivo que o acompanha sempre, tanto nos períodos de encarnação como nos de erraticidade.

Destarte, aclara-se a velha e debatida questão do subconsciente, a propósito da qual tantas teorias esdrúxulas têm sido expendidas, tornando o assunto cada vez menos inteligível e mais confuso.

Levamos conosco o nosso bem e o nosso mal, os nossos erros e os nossos acertos, os elementos de paz ou de atribulação, de alegria ou de sofrimento, de acordo com os atos que praticamos, cujas consequências se refletirão sobre nós, não importa onde nem quando, sendo, porém, fatal, como expressão que é da soberana e indefectível justiça imanente.

E assim verificamos como é bela e fascinante a verdade em sua simpleza, desacompanhada dos artifícios e das lantejoulas que a desnaturam, empalidecendo seu esplendor e refulgência.

Bendita, pois, seja a Revelação, fonte inexaurível de luz que espanca as trevas da ignorância dos simples e humildes, deixando que se debatam na escuridão os que trazem enfunadas as velas da vaidade e da presunção.

O fim da guerra

"Portanto, orai vós deste modo: Pai nosso que estás nos céus..."

(MATEUS, 6:9.)

Pai nosso que estás nos céus... Assim começa o Mestre a oração que ensinou aos seus discípulos.

Toda a cristandade sabe disso. As múltiplas igrejas repetem assiduamente a frase em apreço. Nas ricas catedrais, no templo humilde, na capela rural e no seio dos lares, aquela sentença constitui o estribilho recitado em todos os tons, oportunidades e emergências. Nos dias festivos como nos dias calamitosos de angústia e de aflição, baila nos lábios dos grandes e dos pequenos, dos velhos e dos moços o surrado e eterno refrão.

Parece, mesmo, que, à força de repeti-lo mecanicamente, despojaram-no de todo o seu espírito e de toda a sua vida. Pois, é precisamente esse espírito e essa vida que o Espiritismo vem ressuscitar nesta época tumultuosa e sombria por que passa o nosso orbe de provas e expiações.

A ideia de Deus, vista através do prisma de Pai, é, sem dúvida, a mais bela e a mais sábia das revelações que Jesus trouxe à Humanidade. Pai é *previdência e providência*, porque prevê e provê as necessidades dos filhos antes mesmo que estes tenham noção e consciência da própria existência. A paternal previsão divina precede de muito ao célebre — *Cogito, ergo sum* [Penso, logo existo].

Deus tudo dispôs e tudo preparou, desde toda a eternidade, no sentido de proporcionar aos seus filhos os meios de evolverem sem solução de continuidade, conquistando estágios sempre mais avançados, onde a Vida se desdobra em perspectivas mais complexas, sob esplendores mais fúlgidos e excelentes.

Assim sendo, dirão, talvez, por que existe a dor? A dor, debaixo das suas múltiplas modalidades, é, em síntese, a consequência do homem não haver ainda *sentido* a realidade da sentença que vem recitando maquinalmente: *Pai nosso que estás nos céus!*

Quando palpitar em seu coração o espírito daquelas palavras, outro será, por certo, o senso da sua vida, outro o seu programa, outro, finalmente, o móvel de suas atividades e de suas ações.

Ao influxo prodigioso do — *Pai nosso que estás nos céus* — cairão as barreiras que separam os homens. As cores das bandeiras que dividem os povos e as nações fundir-se--ão todas no branco e augusto pavilhão da paz, símbolo da alva túnica do Mestre, que era inconsútil, tecida de alto a baixo numa só peça.

A Humanidade, confraternizada dentro de um mundo só, caminhará a passos firmes na solução de todos os problemas sociais que até aqui a têm convulsionado tanto, sem jamais serem resolvidos.

Não haverá mais fome, porque já não se destruirão nem se procurará restringir as fartas messes que a terra generosa e boa faculta aos que a regam com o suor do rosto, na santidade do trabalho. O pão e o vestuário, como todas as demais utilidades da vida, circularão livremente, libertos das nefastas bastilhas aduaneiras, suprindo os mercados em fraternal permuta.

Atender-se-á, destarte, às necessidades de cada povo, porque os homens, reconhecendo a paternidade de Deus, *sentirão* que são irmãos. As possibilidades de aprender e progredir, de melhorar as condições intelectuais e morais estarão ao alcance de todos, sem distinção de posição social, de fortuna ou de classes, pois estas terão, a seu turno, desaparecido, mediante a organização da sociedade numa só e única família, onde serão todos por um e um por todos.

Somente nesse dia cessarão para sempre as lutas fratricidas, e não haverá mais guerra!

A boa parte

"E aconteceu que, indo Jesus de caminho, entrou numa aldeia, hospedando-se ali, em casa de certa mulher chamada Marta. E esta tinha uma irmã por nome Maria, a qual, assentada aos pés do Senhor, ouvia atentamente a sua palavra. Marta, porém, andava muito afadigada na contínua lida da casa, e, chegando-se a Jesus, disse: 'Senhor, a ti não se te dá que minha irmã me deixasse só a servir? Dize-lhe, pois, que me ajude.'

E, respondendo, o Senhor retrucou: 'Marta, Marta, tu andas muito inquieta e te embaraças com o cuidar de muitas coisas; entretanto, poucas são necessárias, ou antes uma só: Maria escolheu a boa parte, que lhe não será tirada'."

(LUCAS, 10:38 a 42.)

A maneira pela qual Jesus revidou o queixume de Marta, a propósito da atitude de Maria, sua irmã, encerra uma lição de extraordinário alcance, vazada em linguagem repassada de doce singeleza e profunda sabedoria.

O que se passou no seio humilde daquele lar, onde Jesus se hospedara, é o que se passa no cenário humano, na vida social. De que se queixou Marta? Dos múltiplos afazeres que tinha diante de si, alegando a indiferença com que sua irmã os encarava, deixando entregue somente a ela o desempenho dos mesmos.

O Mestre, ouvindo a reclamação de Marta, assim se pronunciou: "Marta, Marta, andas preocupada com muitas coisas; no entanto, poucas são necessárias, ou, antes, uma só. Maria escolheu a boa parte, que lhe não será tirada". De fato, Maria, vivendo na esfera do idealismo que lhe caracterizava a individualidade, tinha a mente e o coração presos à magia do Verbo divino, cujo encantamento a seduzia, a ponto de lhe passarem despercebidos aqueles cuidados e amanhos domésticos que, a Marta, tanto preocupavam. Com prazer e máxima naturalidade, deixava-se embevecer na íntima contemplação do maravilhoso panorama espiritual da vida, descrito pelo sublime Artista do bem e do belo. Era esse o seu temperamento. Faltava-lhe aquilo que o mundo denomina de — senso prático. As pessoas em tais condições são tidas como visionárias e sonhadoras, destituídas daquele espírito utilitário, considerado fator imprescindível de êxito em todas as empresas e cometimentos a que os homens se entregam neste meio. Não obstante, Jesus, discordando deste critério, assevera que Maria havia escolhido a boa parte, isto é, havia acertado no emprego do seu tempo e das suas faculdades, enfronhando-se e instruindo-se acerca dos problemas espirituais.

E, como sempre, a razão está com o Excelso Mestre. Adotando a política utilitarista na conquista do seu bem-estar e felicidade, que têm os homens, até hoje, conseguido, senão decepções na vida terrena? Que obtiveram, até o presente, senão agravá-las cada vez mais? Acaso, já lograram algum êxito no que respeita às questões do pão para a boca, da paz e da ordem, da pobreza e da indigência, do vício e do crime, da enfermidade e da dor? Se ainda não solucionaram esses casos de ordem material e terrena, como chegarão a possuir a felicidade que tanto almejam?

Dirão, talvez, que muito progresso tem alcançado a Humanidade na zona positiva e concreta dos sentidos, e muitos problemas já foram resolvidos pela Ciência materialista. Mas de que serve esse surto unilateral de progresso, quando as questões capitais, que acabamos de enumerar, ainda estão de pé, reclamando providências, desafiando a capacidade e o saber dos entendidos do século, desses que orientam, inspiram e dirigem os povos e as nações?

Os homens lograram quase suprimir as distâncias geográficas que os separam, graças aos seus caminhos de ferro, aos seus transatlânticos e aviões. Não obstante, nunca estiveram tão desunidos como nos tempos que correm. Criaram laboratórios, onde se examina a terra, corrigindo, artificialmente, as suas deficiências, conseguindo assim aumentar a sua fertilidade, de modo a dobrar e triplicar a produção. No entanto, jamais pereceu, à míngua de pão, tanta gente como na atualidade.

A ciência econômica atingiu, dizem, desenvolvimento assinalado. Os economistas proclamam, das cátedras, os milagres das suas teorias. A despeito disso, o problema da distribuição da riqueza constitui hoje o principal pomo de discórdia, o elemento fomentador por excelência da guerra mais brutal e cruenta que as páginas da história humana têm registrado.

A Medicina, a seu turno, magnificamente aparelhada, com seus laboratórios, suas especializações, instrumentais e pomposas instalações, ainda se mantém inânime e inócua diante de moléstias ceifadoras de vidas, em todas as idades, tais como a tuberculose, a lepra, o câncer, a lues, etc. A ciência do Direito, por sua vez, não conseguiu eliminar dos hábitos e costumes vigentes o arbítrio e a violência; e, relativamente à criminalidade, culminou na cadeira elétrica, na força e no fuzilamento dos anormais, como processo de eliminar o crime. Assim, sucessivamente, verificamos que, em realidade, as ciências, divorciadas do Espírito, não melhoraram o mundo. A vida, tal como ora transcorre neste orbe, com suas múltiplas complicações, com seus inumeráveis confortos, com seu luxo e dinamismo, longe de proporcionar o ambicionado bem-estar, a desejada alegria de viver, torna-se, antes, enervante, desassossegada, indesejável.

As conquistas intelectuais, desacompanhadas do controle moral, produzem mais malefícios que benefícios. A Ciência sem consciência fica a serviço da destruição e do aniquilamento dessas mesmas obras de que os homens se ufanam, apresentando-as como expoentes da sua civilização.

Verdadeiramente, porém, não há sombras de civilização numa sociedade onde o direito da força a todos ameaça a cada instante; onde a maior soma de atividade da inteligência humana e dos recursos econômicos são empregados no fabrico de material bélico e nos engenhos diabólicos, cuja finalidade é atacar e destruir para submeter e escravizar; onde os homens se entredevoram como feras na disputa da presa; onde, finalmente, viceja e prolifera a hipocrisia, a felonia e o paganismo disfarçado em sentimento religioso.

Como vemos, pois, os fatos aí estão confirmando nossa assertiva. É tempo de meditarmos nas palavras de Jesus: *"Poucas coisas são necessárias, ou, antes, uma só"*. O mundo vem desprezando esta única coisa necessária, tratando de criar e coordenar todas as demais. Dessa inversão fatal, resultou o estado caótico em que a Humanidade se debate.

As necessidades da existência, sob seu aspecto puramente material, são infinitas, de vez que se desdobram e se multiplicam à medida que vão sendo satisfeitas. O egoísmo é insaciável. Gratificar os sentidos por meio da satisfação dos desejos é algo semelhante a encher o célebre tonel das Danaides, tonel que não tinha fundo.

As necessidades reais são, como disse Jesus, poucas, resumindo-se numa só, expressa no conhecimento da verdade por Ele revelada ao mundo. Essa verdade é luz. Quem a possui não precisa tatear nas trevas, à procura do caminho da vida. As diretrizes delineadas e empreendidas às escuras são, forçosamente, incertas, inseguras e mesmo arriscadas e perigosas. Tais são aquelas que, até aqui, os homens têm traçado e seguido; daí as suas decepções e a sua ruína.

De que serve aos homens se aproximarem geograficamente, se as causas de separação que os infelicitam permanecem cada vez mais acirradas pela cobiça, pelo despeito, pelas rivalidades e pelo ódio? De que serve multiplicar o pão para o corpo, se o espírito permanece faminto daquele pão que desceu do céu, do qual quem come nunca mais tem fome? O espírito, privado desse alimento e da iluminação interior da consciência moral, jamais encontrará o senso da vida, que é a chave da felicidade presente e futura.

De que servem as tentativas e o esforço para curar o corpo, quando a alma está enferma? A moléstia desta afetará sempre aquele. Não pode haver corpo são com alma doente. A cura há de vir de dentro para fora, do interior para o exterior, tal como se observa na cicatrização dos ferimentos e das chagas.

De que servem as legislações e os processos do Direito, se os homens usam e abusam da força, empregando a violência para dirimir suas questões? Se o ouro continua sendo o ácido dissolvente do caráter e o corrosivo que destrói as fibras da dignidade?

De que serve o crescente aumento dos valores econômicos diante da carência, da indigência cada vez mais acentuada dos valores morais?

Como extinguir o vício e o crime, quando esse mesmo vício e esse mesmo crime são tolerados, justificados e até mesmo encarecidos sempre que se apresentam envoltos no manto diáfano da hipocrisia e das mentiras convencionais?

De que serve, finalmente, cercar o corpo de todos os cuidados, prodigalizando-lhe confortos, comodidades e caprichos, quando o espírito permanece desprezado e desprovido daquilo de que mais carece: verdade, justiça e amor? O corpo coberto de púrpura e vestido de linho finíssimo, banqueteando-se esplendidamente todos os dias, como aquele rico egoísta da parábola, e a alma esfarrapada, maltrapilha e faminta — tal a imagem fiel dessa decantada civilização de que os homens do século se desvanecem e se jactam. Talvez, por isso mesmo, essa civilização periclita, oscilando em suas bases, erguidas sobre a areia. Sua ruína é certa, como é certa e fatal a desagregação do corpo no seio da terra. A César será dado o que é de César, e a Deus o que é de Deus.

O mundo se salvará, iniciando a obra da verdadeira civilização cristã, que, digamos de passagem, nunca existiu na Terra — quando os homens, como Maria, escolherem a boa parte, a qual não lhes será tirada, e sob cuja influência transformarão os usos e costumes, varrendo da nossa sociedade a impostura, a violência e a fascinação corruptora do ouro, implantando, em nome do Senhor, o reino da justiça, do amor e da verdade, que é o Reino de Deus, por ser o reino do Espírito. Essa parte, ou seja, esse reino permanecerá porque foi levantado sobre os alicerces inamovíveis das realidades básicas da vida. As demais organizações serão, como têm sido, instáveis, efêmeras e precárias, porquanto foram erguidas sobre o terreno movediço e falso das ilusões materialistas. O materialismo, mesmo quando mascarado de espiritualidade, jamais oferecerá condições de estabilidade e segurança.

***

O critério humano afirma-se mais e melhor pelo diapasão de Marta que pelo de Maria. Apesar de irmãs, elas constituem dois tipos e dois temperamentos distintos, cada uma manifestando-se dentro do respectivo grau evolutivo em que se encontra. Ambas veneravam o Divino Mestre. Cada uma, porém, o queria a seu modo. Marta o amava como o Filho de Deus que veio remir a Humanidade pecadora.

Para Maria, porém, o verbo amar não tinha modos nem tempos. Ela amava o Senhor fora de todas as restrições do tempo e do meio. Ela o amava infinitamente.

Marta era o tipo de mulher criteriosa e prudente. Agia sempre inspirada pela fé e pelo bom senso que a caracterizavam. Maria era uma idealista incorrigível, uma sonhadora cuja mente e cujo coração pairavam nas regiões alcandoradas dum céu sem horizontes. Seu amor pelo Divino Mestre não era maternal como o de Maria de Nazaré; não era filial como o de João Evangelista; não era fraterno como o de Marta e dos apóstolos; não se assemelhava, enfim, a nenhuma forma de afeição terrena. Era simplesmente amor — amor incondicional, amor irrestrito, amor isento de convenções, amor sem qualificativo, porque incompreensível, e, portanto, indefinível pela linguagem dos homens.

Aprendamos, pois, com Maria, a escolher a boa parte, que não nos será tirada, isto é, aquela parte que transportaremos conosco além do túmulo.

Será isso um sonho, uma ilusão? Não importa: lembremo-nos de que há sonhos que se convertem em realidades futuras; e há realidades presentes que se transformam, posteriormente, em sonhos e mesmo em pesadelos.

Não ajuntam em celeiros

"Vede as aves do céu, que não semeiam nem ceifam, nem ajuntam em celeiros; e vosso Pai Celestial as alimenta..."

(MATEUS, 6:26.)

Olhai as aves do céu! Vede como vivem contentes e felizes! Sabeis por quê? O segredo da sua felicidade está naquele "nem ajuntam em celeiros".

Não havendo celeiros, elas vivem em paz. Desconhecem as guerras cruentas e fratricidas, visto como não há, em sua sociedade, aquilo que desperta a cobiça e incita às conquistas. Não se verifica, outrossim, o delírio de domínio, porque não existe entre elas regiões restritas e privativas. As aves exercem sua atividade livre e francamente. Toda árvore lhes apresenta agasalho, todo ramo pode servir-lhes para sede de seus ninhos. A terra lhes dá de comer, as fontes lhes dão de beber, o Sol lhes fornece luz e calor.

Não medra em seus corações o ciúme, nem a inveja. Ciúmes de quê? Invejar o que está ao alcance de todos e que, por isso mesmo, todos podem possuir, e realmente possuem?

O roubo, a pilhagem e a violência são, a seu turno, crimes ignorados no reinado das asas. Nada existe ali oculto ou fechado. Tudo está ao alcance de todos. O mesmo esforço é exigido para as mesmas regalias. "Buscai e achareis" é o programa estabelecido, é a lei vigente. Todos são ricos daqueles bens que constituem as utilidades da vida, os únicos verdadeiros e cujo valor não é fictício, nem imaginário, porém real, porque intrínseco.

A coletividade, sem exceção de nenhum dos seus componentes, desfruta e goza as bênçãos e as dádivas da Natureza. Não se veem famintos, sedentos e nus; não há pobreza, nem desvalidos no imenso aviário deste mundo, precisamente porque, nesse meio, "não se ajunta em celeiros". Por mais paradoxal que pareça, são realmente os celeiros abarrotados e transbordantes que respondem pela fome, pela pobreza e pela miséria que infelicitam a sociedade dos homens. Sim, são dos celeiros que procede as carestias, porque eles simbolizam o açambarcamento, os monopólios e todos os demais processos inconfessáveis sugeridos pelo egoísmo na sua louca expansão de acumular.

É da riqueza acumulada por certa minoria que resulta a pobreza que atinge a maioria. É o desequilíbrio econômico que gera a desigualdade e as injustiças sociais. Bens acumulados é sangue que não circula, congestionando certos órgãos enquanto outros estiolam à míngua do elemento indispensável à vitalização. O mundo se debate entre a pletora de uns e a miséria de outros. É um organismo doente. Carece de equilíbrio econômico e todos sabemos que só com este haverá saúde e alegria de viver.

Vede as aves do céu! Elas não ajuntam em celeiros. Por isso são ricas, felizes e vivem em paz!

Os três batismos: o da água, o do fogo e o do Espírito

O Evangelho reporta-se a três categorias de batismo: o da água, o do fogo e o do Espírito Santo. O primeiro, isto é, o da água, foi aplicado por João Batista; os dois últimos, segundo o testemunho do mesmo profeta, são de Jesus.

Vamos reproduzir o texto, tal como se encontra no livro de *Mateus*, 3:1 a 12:

> Naqueles dias apareceu João Batista pregando no deserto da Judeia: "Arrependei-vos, porque está próximo o Reino de Deus". Pois é a João que se refere o que foi dito pelo profeta Isaías:
>
> "Voz do que clama no deserto: Preparai o caminho do Senhor; endireitai as suas veredas."
>
> Ora, o mesmo João usava uma veste de pelo de camelo, e uma correia em volta da cintura; e alimentava-se de gafanhotos e mel silvestre. Então ia ter com ele o povo de Jerusalém, de toda a Judeia e de toda a circunvizinhança do Jordão; e eram batizados por ele no rio Jordão, confessando os seus pecados. Mas, vendo João que muitos fariseus e saduceus vinham ao seu batismo, disse-lhes: "Raça de víboras, quem vos recomendou que fugísseis da ira vindoura? Dai, pois, frutos dignos de arrependimento; e não digais de vós mesmos: Temos por pai Abraão; porque vos digo que destas pedras Deus pode suscitar filhos a Abraão. O machado já está posto à raiz das árvores; toda árvore, pois, que não dá bom fruto, é cortada e lançada ao fogo. Eu, na verdade, vos batizo com água, convi-

dando-vos ao arrependimento; mas aquele que vem depois de mim é mais poderoso do que eu, e não sou digno de atar-lhe as sandálias; ele vos batizará com o fogo e com o Espírito Santo; a sua pá ele a tem na mão, e limpará bem a sua eira; e recolherá o trigo no celeiro, mas queimará a palha em fogo inextinguível".

João Batista fora, segundo a inconteste e positiva afirmativa de Jesus — Elias reencarnado. Viera com a missão de precursor do esperado Messias; seu papel, como ele próprio dissera, consistia em preparar a ambiência para recebê-lo.

Nesse mister, estava ele predicando por toda a Judeia. O ponto principal das suas dissertações consistia em aconselhar a confissão íntima da culpa, seguindo-se o arrependimento e a regeneração a fim de receberem o Enviado celeste. Nesse propósito, João ia batizando, no rio Jordão, aqueles que acudiam ao seu apelo, os quais, por meio daquele símbolo, assumiam publicamente o compromisso de mudar de vida, de se transformarem, deixando seus hábitos pecaminosos e seus costumes corrompidos. Como tal, o Batista só aplicava o seu batismo em adultos. Notemos bem esta particularidade: em pessoas no uso completo da razão, que podiam prometer, por isso que sabiam perfeitamente de que se tratava e da responsabilidade que contraíam. Dentre esses mesmos indivíduos que o procuravam, João distinguia os de ânimo sincero e veraz e os que pretendiam sujeitar-se àquela cerimônia com ideias ocultas, agindo de má-fé e com hipocrisia. É assim que, dirigindo-se aos fariseus, cujos corações devassara com seus olhos de profeta, disse-lhes: Raça de víboras, quem vos ensinou a fugir da ira futura? Produzi, pois, frutos dignos de arrependimento, e não vos orgulheis dizendo-vos filhos de Abraão, porque vos declaro que das próprias pedras Deus pode suscitar filhos de Abraão.

É claro que o Batista fez sentir aos fariseus que o batismo da água não isentava ninguém das culpas cometidas, nem constituía, por si só, elemento de redenção; mas apenas importava na promessa solene, feita em público, de corrigir--se, dando novo rumo e nova orientação ao *modus vivendi* até ali adotado.

Os símbolos — estes ou aqueles — nada podem e nada valem por si próprios, isto é, em sua forma ou apresentação material. O seu valor está na ideia que encerram e no sentimento que despertam. Por isso mesmo é necessário, antes de tudo, saber interpretar o símbolo, isto é, conhecer a ideia que ele encobre. As letras do alfabeto são símbolos, os quais têm grande significação e importância para os que sabem ler; para o analfabeto, porém, nada representam, nenhuma importância podem ter.

O mesmo se dá com o simbolismo em geral, sob todos os aspectos. Esta circunstância é que o Batista fez sentir aos fariseus, homens hipócritas e desleais que procuravam batizar-se formalisticamente, apenas para aparentar bons propósitos.

A expressão do profeta: "Quem vos ensinou a fugir da ira vindoura?" — tem o seguinte sentido: Quem vos disse que este batismo vos isentará da ação da justiça futura? Produzi frutos de verdadeiro arrependimento se quiserdes prevenir e assegurar a vossa redenção.

A tendência geral é para o menor esforço. Todos pretendem substituir a realidade pela fantasia, o natural e o positivo pelos artifícios e subterfúgios. Mas, no que concerne às leis que regem os nossos destinos, dentre elas a de causalidade, que deriva da soberana justiça, são vãs todas as tentativas no sentido de fugir às responsabilidades contraídas, como vãs serão as diligências e os ensaios procurando solucionar os graves problemas da vida, por intermédio de sofisticarias, ritualismos, artimanhas e sortilégios.

Em tal importam, em espírito e verdade, as advertências do Batista, dirigidas aos homens desleais e dolosos de todos os tempos, representados, naquela época, pelos fariseus e saduceus.

***

Passemos, em seguida, a considerar as duas outras categorias de batismo — o de fogo e o de Espírito, batismos estes que, conforme o testemunho do Precursor, são aqueles trazidos por Jesus Cristo, portanto, os verdadeiros batismos cristãos.

Vejamos em que consistem. O que é da Terra é da Terra, tem o seu cunho próprio e inconfundível. Por sua vez, o que é do Céu é do Céu, traz o característico, a identidade que o torna distinto, inimitável. O batismo da água é da Terra. João empregou-o alegoricamente, com o fim acima já exposto. Como criação humana, pode ser mistificado, adulterado em sua finalidade. Tudo que é do homem está sujeito a essa contingência. O que, porém, vem de Deus, escapa às influências mundanas, impõe-se por si mesmo, é inalterável, não se confunde nem está sujeito aos desvirtuamentos e às deturpações.

É precisamente este fato que verificamos no que respeita ao batismo da água, terreno, e às outras duas espécies de batismo — o do fogo e o do Espírito — que são de origem divina. Aquele pode ser manobrado pelos homens, a seu talante. O seu emprego pode ser usado e abusado à vontade, por isso que é da Terra. Outro tanto, porém, não sucede com o batismo do fogo e do Espírito, trazidos ao mundo por Jesus Cristo. Na sua aplicação, os homens não podem intervir. Trata-se de fenômenos regulados pelas Leis Divinas, leis naturais que tudo regem no Universo. Nesse setor, é defeso ao homem penetrar e intervir. Nem mesmo como intermediário lhe é permitido funcionar na aplicação daqueles batismos, cuja ação e cujo poder realmente purificam e redimem as criaturas.

Entremos, agora, na apreciação do batismo de fogo. Chamam batismo de fogo aos primeiros encontros entre exércitos inimigos. O soldado que estreia na peleja, combatendo e sendo combatido, recebeu o batismo de fogo, por isso que entrou em atividade bélica.

Assim, pois, o batismo de fogo a que se reporta o Profeta dos desertos — consuma-se na luta incruenta, nas provas e nas expiações que resultam da encarnação. A alma que enverga a libré da carne é lançada na liça. Ela tem que porfiar para se afazer ao meio; tem que prever todas as necessidades reclamadas pela matéria e a elas prover; tem que suportar a bagagem que traz do passado, a qual forma o seu ambiente interior; tem que se pôr em choque com as suas companheiras de exílio, cujas imperfeições e defeitos entram em conflito com as suas próprias imperfeições e defeitos; tem que arcar com as contingências próprias deste mundo, tais como a ilusão dos sentidos, a enfermidade, as ingratidões, a injustiça, a inveja, o ciúme, as perseguições, as rivalidades, a separação dos entes queridos e, finalmente, a morte, que, no dizer de S. Paulo, é o derradeiro inimigo a vencer. A dor, portanto, sob suas múltiplas modalidades, constitui o batismo de fogo, de cuja ação ninguém escapa e cuja aplicação independe do concurso humano. Vem de cima, atua como lei natural que é, atingindo indistintamente os grandes e os pequenos, os sábios e os inscientes, os poderosos e os humildes, os ricos e os pobres, os crentes e os descrentes.

Não se indaga se o mísero mortal quer, ou não, receber o batismo de fogo. Cumpre aceitá-lo de boa ou de má vontade, com submissão ou revolta. Do da água, que é terreno, podemos fugir, mas, do de fogo, que é divino, não nos é dado fugir nem recalcitrar: *dura lex sed lex* [A lei é dura, mas é a lei].

A influência do batismo da água é precária e duvidosa; pode ser ou não ser eficiente, dependendo da sinceridade, do estado moral de quem o recebe. O poder do batismo de fogo é positivo; mais dia menos dia, nesta ou em subsequentes reencarnações, a alma acaba sendo lapidada pela dor. A sua eficiência é infalível. Não há mal que não vença, não há vício que não debele, não há paixão que não dome, por mais furiosa que seja, por mais inveterada e radicada que se encontre. A dor vence e triunfa sempre, conseguindo o seu objetivo — que é o aperfeiçoamento e a espiritualização do homem. Seu poder de transformação é incalculável. Sua força regeneradora é irresistível. A água lava, o fogo purifica. Purificar é mais do que lavar. Há sujidades e nódoas que a água é impotente para tirar. Ao poder do fogo, porém, não há imundície que resista. As escórias integradas no ouro puro da alma humana durante séculos e milênios, escórias que pareciam irredutíveis, por isso que inseparáveis da divina gema, acabam derretendo, revelando sua inferioridade e separando-se da centelha celeste, cuja natureza então se ostenta em todo o seu esplendor!

Eis aí como se explicam as palavras de Jesus: "Eu vim a este mundo para atear fogo; e o que mais quero se esse fogo já está aceso?". (*Lucas*, 12:49.) Dor! fogo bendito! batismo do Céu, potência purificadora das almas em expiação — bendita e bem-vinda sejas entre os homens!

Fogo original trouxe Jesus à Terra! Fogo que não se apaga mais, uma vez aceso; fogo que abrasa os corações transformados em cadinhos onde o egoísmo se transmuda em altruísmo, as rivalidades em cooperação, o ódio em amor; onde, um dia, se fundirão as raças e os credos, as escolas e os partidos, os pavilhões e os idiomas, formando uma só pátria e uma só família: a Humanidade.

Eis o milagre que o batismo de fogo produz!

Quem ousará negar semelhante prodígio, diante dos fatos consumados em todas as épocas da História, nos casos pessoais de conversão e santificação de pecadores?

***

Por que diz o Batista que esse batismo é trazido por Jesus, quando a dor sempre foi patrimônio da Humanidade em todos os tempos?

O sofrimento e o homem são da mesma idade. Este jamais existiu sem aquele. Este mundo é a grande escola, onde as almas obstinadas aprendem e se educam por meio da dor. Jesus, notemos bem, é o Guia, é o Redentor, é o Mestre, é o Cristo escolhido e ungido por Deus — para dirigir, ensinar e conduzir o homem na conquista da imortalidade, emancipando-se das encarnações e reencarnações. Por isso Ele afirma com a autoridade que lhe é própria: Eu sou o Caminho, a Verdade e a Vida.

Demais, resta ainda considerar que Jesus veio dar à dor o seu devido sentido, mostrando-a como elemento de redenção. No Sermão do Monte, o Mestre a incluiu entre as beatitudes, apresentando-a, portanto, como expressão da Misericórdia Divina e não como castigo: "Bem-aventurados os que choram". Os que choram são sofredores; por isso mesmo — bem-aventurados, visto que resgatam um passado culposo, purificando-se de erros e culpas cometidas, reabilitando-se em face da lei insofismável da soberana justiça; tudo isso, graças à ação regeneradora do batismo de fogo. Disse mais o Senhor: Bem-aventurados vós, os pobres, vós os famintos, vós os espezinhados e perseguidos, porque vosso é o Reino de Deus, porque sereis fartos e os vossos corações extravasarão gozo e alegria.

Que significam estas palavras? Serão, acaso, a apologia do pauperismo, da fome, da miséria e do ostracismo a que são condenados os párias? Não, por certo — pauperismo, nudez, fome e miséria não constituem objeto de louvor e de encômios; são frutos da iniquidade de uma geração adúltera, incrédula. Jesus, o que fez, foi assinalar a reabilitação das almas pecadoras, aqui encarnadas, mediante o influxo da dor. Ele antevia a aurora da vida espiritual, alegre e risonha, prestes a despontar da noite escura da expiação, devidamente suportada. Eis aí por que seu coração se rejubilava diante do sofrimento, prometendo, com segurança, dias venturosos aos padecentes e atribulados.

De outra sorte, Jesus lamentava os abastados, os poderosos que vivem banqueteando-se, dizendo: "Ai de vós que sois ricos, pois já tendes a consolação. Ai de vós que estais repletos, na plenitude de todos os bens terrenos, porque tereis fome. Ai de vós que agora rides e folgais, porque lamentareis e vertereis lágrimas. Ai de vós que sois bajulados e glorificados pelos homens, pois assim já fizeram, outrora, as gerações passadas, aos falsos profetas". (Lucas, 6:24 a 26.)

Devemos assinalar que, aqui, o Mestre não pretende condenar a abastança. Oxalá todos neste mundo dispusessem de recursos suficientes para viverem confortavelmente. Não é nisto que está o pecado, mas sim no regime dos privilégios e da injustiça que vigora na sociedade humana.

Neste transe, o sábio Mestre prenuncia a reação dolorosa que aguarda os egoístas, os gozadores animalizados que se identificam com a carne, cujos apetites e volições procuram satisfazer e gratificar, consistindo nisso o alvo supremo da vida deles. Não tem, pois, razão o Mestre em lamentá-los? A seu turno, não revela Ele sabedoria, glorificando os que sofrem, vendo-os avançar no caminho luminoso da redenção? Estes, cumprindo a pena, estão prestes a deixar o cárcere, conquistando a liberdade que jamais perderão; aqueles, ao contrário, estão prestes a entrar para a prisão, donde não sairão, enquanto não pagarem o derradeiro ceitil.

O orbe que habitamos é de provas e de expiação. Somos sofredores, porque culpados. Cumpre, pois, que saibamos sofrer, vendo nas provas e nas expiações o caminho da nossa libertação. Conhecendo perfeitamente as nossas condições, o Excelso redentor nos veio ensinar e exemplificar a disciplina da dor. Transformou a cruz — instrumento de punição e de suplício — em símbolo da fé, em armadura e couraça invulneráveis que distinguem os combatentes da boa causa, os quais jamais esmorecem na peleja, avançando sempre, certos da vitória que antegozam desde já, no ardor da luta e no fogo do entusiasmo. "Quem quiser ser meu discípulo, renuncie a tudo quanto tem, inclusive à própria vida, tome a sua cruz e siga-me!" Tal o convite do Filho de Deus.

Eis aí como, realmente, Jesus nos trouxe o batismo de fogo a que se refere João Batista, o maior dos profetas nascidos de mulher.

***

Digamos, agora, algo acerca do batismo do Espírito.

Quereis saber *teoricamente* o que é o batismo do Espírito? Ouvi, então, a promessa do Senhor: "Agora, o vosso coração se encheu de tristeza porque eu disse que vou para o

Pai? Contudo eu vos digo a verdade. Convém-vos que eu vá; pois, se eu não for, não virá a vós o Espírito — o Paracleto, mas, se eu for, enviar-vo-lo-ei. É o Espírito da Verdade, que o mundo não pode receber, porque não o vê nem o conhece; vós, porém, o conhecereis, pois ele habitará convosco e permanecerá em vós". (*João*, 14:12,16 e 17 e 16:5 a 7.)

Aqui está patente e positivamente descrito o que é o prometido batismo do Espírito. Quereis, agora, saber *praticamente* o que é esse batismo, o que ele opera e produz naqueles que o recebem?

Abri o livro dos *Atos dos Apóstolos* e lede o que reza o capítulo 2: "Ao cumprir-se o dia de Pentecostes, estavam os apóstolos reunidos no mesmo lugar; e, de repente, veio do céu" — notemos bem — veio do céu — não é da terra, não procede dos homens — "um ruído, como de vento impetuoso, que encheu toda a sala onde estavam sentados; e lhes apareceram umas como línguas de fogo, as quais se distribuíram, repousando sobre cada um deles; e todos ficaram cheios do Espírito Santo e começaram a falar em outras línguas, conforme o Espírito lhes concedia que falassem. Achavam-se em Jerusalém judeus, homens religiosos de todas as nações debaixo do céu; e quando se ouviu aquele ruído, ajuntou-se ali a multidão e ficou pasmada, porque cada um os ouvia falar no seu próprio idioma. E estavam todos atônitos e maravilhados, perguntando: Não são galileus todos estes homens? Como os ouvimos falar na língua do nosso nascimento?".

Estava, portanto, cumprida a promessa e, com ela, fundada a igreja viva de Jesus Cristo neste mundo. Dali por diante, não havia mais apóstolos traidores, dúbios, pusilânimes, duros de entendimento e tardos de coração. Os mesmos feitos operados pelo Cristo de Deus, eles também operavam. A mesma coragem do Mestre, enfrentando o mundo com suas perseguições, revelaram, desde então, os discípulos. A mesma palavra, fácil e convincente, poderosa e persuasiva, que aflorava aos lábios do Excelso revelador da Verdade, aflorava, agora, aos lábios dos discípulos. Aquela mesma sabedoria, aquela mesma autoridade inconfundível que distinguiu o Divino Instrutor da Humanidade em sua passagem pela Terra assinalava, agora, os seus veros colaboradores, destacando-os, dentre o comum dos homens, pelos poderes espirituais que lhes havia comunicado o batismo do Espírito. Graças à sua influência, os apóstolos — que eram homens inscientes, fracos e medrosos, pecadores e sujeitos a tentações — puderam desempenhar-se galhardamente da missão que lhes fora confiada, espalhando por todo o orbe a sementeira das verdades redentoras, mantendo-se firmes diante das tribulações e da perseguição dos inimigos da luz. Perante as autoridades civis e eclesiásticas jamais vacilaram em dar testemunho da palavra divina, da revelação do Céu personificada no Cristo de Deus. E assim se mantiveram até o fim, sem vacilações nem temores. Donde procedeu essa transformação? Aonde foram aqueles pobres galileus buscar — coragem e valor, renúncia e sacrifício, sabedoria e fé? Receberam tudo por meio do batismo do Espírito. Tal operação não é, não pode ser obra dos homens, conforme atestam as seguintes passagens, narradas no citado livro dos Apóstolos. Lemos no cap. 8 — versículos 14 a 16:

> Os apóstolos que se achavam em Jerusalém, sabendo que Samaria recebera a palavra de Deus, enviaram para lá Pedro e João; estes, ali chegando, oraram pelos crentes, pedindo-lhes fosse dado o Espírito Santo, porque nenhum deles o havia recebido, tendo, apenas, sido batizados com água.

Notai bem a circunstância: o batismo do Espírito há de vir de cima, não é da Terra. Por isso os apóstolos suplicaram do Senhor que o concedesse aos novos convertidos.

No cap. 19, deparamos com mais este testemunho do que vimos afirmando:

> Paulo, estando em Éfeso e achando ali alguns discípulos, perguntou-lhes: "Recebestes o Espírito Santo quando professastes?". "Eles, responderam: Não, nem sabemos que existe Espírito Santo". "Que batismo, então, recebestes?" Continuou Paulo. Retrucaram eles: "o batismo de João". Paulo, então, acrescenta: "João batizou com água, convidando o povo ao arrependimento; eu vos aconselho a crer em Jesus, que veio depois dele". Havendo Paulo, em seguida, posto as mãos sobre a cabeça deles, implorou a descida do Espírito, o que se verificou logo após, pois os batizados começaram a falar em diversas línguas e a profetizar também.

De fato — de testemunhos espirituais como estes e não de teorias vãs e de cerimônias estéreis — está repleta a doutrina de Jesus. O cumprimento da promessa do Senhor — que se verificou no dia de Pentecostes — segue o seu curso, permanece viva e palpitante — hoje como outrora. O Sol que refulgiu naquele dia não tem ocaso. Seus raios iluminam e aquecem as almas fiéis, de todos os tempos.

Atentemos reverentemente para esta advertência do Mestre: "Onde estiverem dois ou três reunidos em meu nome, aí estarei eu no meio deles". (*Mateus*, 18:20.)

Eis aí, em sua majestosa simplicidade, o que é a Igreja Cristã. Sem aparatos, despida de vãs ostentações, humilde, silente e poderosa como são as forças do Espírito, ela age transformando os corações, regenerando e remindo os pecadores! Notemos bem o seu característico inconfundível: Influi intimamente, exerce ação interior no homem, confirmando o que disse o Senhor acerca do Reino de Deus, que não se revelará por espetaculosidades exteriores, por isso que se há de manifestar dentro de nós.

— Não existe Igreja do Cristo — onde não houver a comunhão do Espírito, o batismo espiritual percebido, sentido no íntimo dos corações. Aquele que vos recebe — disse Jesus aos seus apóstolos —, a mim me recebe, e quem me recebe, recebe aquele que me enviou (*Mateus*, 10: 40). Este dizer é o traço luminoso que une a igreja do Cristo que milita na Terra com a sua igreja triunfante que resplandece no Céu!

Destarte, a presença do Senhor, no sacrário vivo das nossas almas, é realidade positiva, é fato concreto cuja confirmação é atestada e comprovada pela transformação contínua do cristão. Não se trata, pois, de sugestão, nem de simbolismos, nem de fascinação que impressiona os sentidos, nem de misticismo artificial ou doentio; é a presença do Senhor — real e certa, viva, estuante de poder e glória, transbordando de gozo e fé, de luz e amor, nas almas que o recebem.

Proclamamos sem receio de contestação, certos de que anunciamos uma verdade que por si mesma se impõe:

O batismo de Jesus não é o da água. O da água é o batismo terreno, inócuo, inoperante, ineficaz, conforme o atestam os fatos. O batismo de Jesus é, como disse o Precursor, o do fogo e o do Espírito, representando, respectivamente, a lei e a graça, ou seja, a Justiça e a Misericórdia Divina. Tais são os batismos do Céu, eficazes e positivos, por isso que realmente transformam, convertem e redimem as almas!

A razão e a fé à luz dos evangelhos

Uma das grandes conquistas do neo-espiritualismo está na harmonia que veio estabelecer entre a razão e a fé, que, como é sabido, permaneciam, quais forças antagônicas, em perene conflito.

Como resultado dessa anomalia verificava-se outra, de não menos importância: o divórcio entre a Religião e a Ciência, cujas atividades se entrechocavam escandalosamente, dando mão forte ao materialismo, de um lado, e contribuindo, de outro, para o fomento de superstições e fanatismo.

A razão malsinada pelos crentes, e a fé ridicularizada pelos pensadores, determinavam um estado de confusão, do qual advinham funestas conseqüências atingindo todas as camadas sociais.

O Espiritismo veio pôr termo a essa perturbação, demonstrando o perfeito ajuste, os liames indissolúveis que unem a fé à razão, e, conseqüentemente, a Religião à Ciência.

Kardec, compilando e concatenando os postulados espiritualistas à luz da revelação, estabeleceu este belo aforismo: "Fé inabalável só o é a que pode encarar frente a frente a razão, em todas as épocas da Humanidade".

Nem pode deixar de ser assim. A fé que teme confrontos não é fé, pois o caráter desta virtude, tão encarecida nas páginas evangélicas, é, precisamente, o destemor, a energia latente que encerra e transmite àqueles que a cultivam. Tal valor deriva da natureza íntima da fé que percebe e sente a sua própria força. Ora, perceber é ato de raciocínio, portanto, não pode afastar-se da razão que é o instrumento do qual o Espírito se serve para investigar e assimilar a Verdade.

Por isso, na zona luminosa em que o novel espiritualismo pontifica, a razão e a fé acham-se irmanadas, caminham juntas como amigas inseparáveis que mutuamente se auxiliam, compreendendo as condições de interdependência em que se encontram. A relação natural entre ambas é de colaboração, e não de rivalidade. Tal é, de fato, a posição em que se acham aquelas duas expressões de energias anímicas, visto que Deus não dotou o Espírito de faculdades que reciprocamente se combatessem e anulassem. Não nos deu o sentimento para crer e o entendimento para repelir a crença. O coração não tem por função combater o cérebro; todos os órgãos agem para o mesmo fim, por isso que a vida física ou corpórea depende da sinergia, isto é, da simultaneidade ou concurso de ação de todos os instrumentos e aparelhos orgânicos.

O mesmo fenômeno se verifica no que respeita à vida psíquica. A fé que o sentimento aninha deve ser controlada pela razão. Deus, em seu amor e onipotência, equipou os Espíritos de modo que nada lhes faltasse para saírem vitoriosos na luta a sustentar contra tudo quanto possa embaraçar-lhes a caminhada pela senda gloriosa do progresso, na consumação do senso próprio da vida. Basta que se disponham à peleja com perseverança e denodo, para que a vitória lhes sorria. Através da luz alcançada pelo esforço pessoal, o caminho da redenção abre-se diante deles acenando-lhes com a liberdade, justo galardão dos que porfiam manejando a armadura espiritual: inteligência, vontade e sentimento.

***

Alega-se que a razão humana é falha, sujeita às conturbações passionais, conduzindo, como sói acontecer, o homem ao erro. Semelhante critério, assaz capcioso, faz que muita gente veja um perigo no uso da razão em se tratando de questões espirituais. É curiosa a exceção. Aconselha-se o raciocínio e a meditação em todas as circunstâncias, exceto no que concerne ao problema do destino e das altas finalidades da vida, quando tal matéria é precisamente aquela que mais de perto nos interessa, reclamando a mais ponderada reflexão e estudo, por isso que dela decorrem efeitos que nos atingem no presente, com reflexos seguros no porvir.

Com relação às falhas da razão humana, cumpre indagar: como sabemos disso, senão pela própria razão? Ora, se a nossa razão erra, é mediante o seu mesmo concurso que reconheceremos o erro e poderemos repará-lo. Logo, a razão é o instrumento que empregamos, tateando embora nas trevas da nossa ignorância, para descobrirmos a luz.

Demais, os poderes anímicos se desenvolvem pelo uso, qual acontece com os membros e os músculos da nossa estrutura física. A função faz o órgão — reza a sabedoria do prolóquio. A razão, pois, quanto mais utilizada, maior capacidade aquisitiva e poder de discernimento adquirirá. Inversamente, quanto menos empregada, menores serão as suas possibilidades. A quem tem muito, mais ainda se lhe dará — ensina o Divino Mestre em linguagem alegórica, na "Parábola dos talentos".

Portanto, nada de temores vãos. Submetamos ao cadinho da razão todas as questões que nos afetam, especialmente as que se referem aos destinos do nosso "ser". A fé cega, baseada em alheia autoridade, precisa e deve ser substituída pela fé lúcida apoiada e alicerçada na legítima autoridade da razão própria de cada crente.

Racionalismo não é sinônimo de ateísmo como erroneamente se imagina. A moral racionalista ressuma de todos os livros evangélicos. Jesus jamais pretendeu fazer prosélitos passivos que aceitassem sem exame nem provas as doutrinas que predicava. A confirmação tácita do que ora dizemos ressalta do processo de ensino empregado pelo Excelso Educador. Seu método, eminentemente pedagógico, tem por escopo despertar e desenvolver nos educandos as faculdades psíquicas latentes. Basta considerarmos estas frases, por Ele várias vezes repetidas no remate das suas prédicas, para nos certificarmos deste asserto: "Quem tiver ouvidos de ouvir, ouça. Quem tiver olhos de ver, veja". Tais sentenças, bem expressivas, constituem veemente apelo ao raciocínio dos ouvintes; pode-se mesmo considerá-las como um cartel de desafio lançado à inteligência do auditório a que o Mestre se dirigia. Há ainda a consignar outras comprovações em abono do racionalismo cristão, destacando-se dentre elas a série de parábolas ensinadas pelo Senhor, encerrando, por meio das formas simples e sugestivas em que foram vazadas, as mais transcendentes moralidades, os mais edificantes ensinamentos. O sistema parabólico é essencialmente racionalista. Se Jesus fosse partidário do fideísmo, teria imposto por autoridade os princípios doutrinários que professava e difundia. Porém, jamais o fez. As muitas alegorias e semelhanças que imaginou para ilustrar os seus discursos, sobre o problema do "ser" e do destino, atestam cabalmente o seu processo racional de educação.

O racionalismo não colide absolutamente com a revelação, fonte preciosa que é de aprendizagem e fator destacado na obra da evolução humana. Ao contrário, serve-se dela como valiosíssimo subsídio na aquisição e conquista das virtudes que formam e consolidam os caracteres. É pela razão que podemos aquilatar do alto valor e importância das revelações. Sem o seu concurso, as revelações não seriam aproveitadas devidamente como propulsoras do progresso. Sucederia com elas o que acontece com as sementes caídas em terreno estéril. Para os que raciocinam, um relâmpago que fende o negrume do presídio terreno é o bastante para fazer descortinar sublimes maravilhas até então ignoradas.

Newton, descobrindo a lei da atração universal, e Kardec, codificando e coordenando a consoladora Doutrina Espírita, são exemplos marcantes de duas mentalidades racionalistas habituadas a observar, deduzir e concluir, tirando de fenômenos banais e corriqueiros consequências e ilações extraordinárias. Que viu Newton? A queda duma maçã. Que viu Kardec? Uma pequena mesa acionada por inteligências do Espaço. No entanto, porque tiveram olhos de ver, da observação de ambos resultou verdadeira revolução no mundo da Física e no da Filosofia moral e religiosa. A luz projetada por esses dois gênios espancou as trevas da ignorância, libertando o homem de velhas erronias e superstições, descortinando-lhe vastos e imensos horizontes, jamais imaginados.

***

Ainda em abono das nossas asserções, vamos citar uma passagem evangélica bem característica. Queremos reportar-nos ao caso de Tomé: Quando os apóstolos contaram a Tomé, que, durante sua ausência, o Senhor, redivivo, lhes aparecera conforme havia prometido, aquele retrucou: "Só acreditarei vendo e tocando o seu corpo". Dias após, de novo Jesus se manifesta no meio deles, e, dirigindo-se ao discípulo incrédulo, então presente, disse-lhe: "Vem, apalpa--me e verifica se sou eu mesmo; um fantasma não tem carne nem ossos como eu tenho". Tomé, emocionado e confuso, cai de joelhos em terra, deixando escapar dos seus lábios a seguinte exclamação: "Meu Senhor! e meu Deus!". E Jesus acrescenta: "Agora crês, por que viste? Bem-aventurados os que não viram e creram". (*João*, 20:24 a 29.)

Os fideístas pretendem ver no episódio acima referido, e particularmente na frase de Jesus ora citada, o preconício da fé incondicional, da crença fundada no princípio de autoridade. Enganam-se, porém, redondamente. Precisamente o oposto é o pensamento do insigne Mestre. Bem-aventurados os que não viram e creram — é uma sentença profundamente sábia, que encerra a apologia do raciocínio em matéria de crença. Ensina que não é com os olhos que se crê, mas com a razão. Os que se louvam exclusivamente no testemunho dos sentidos são, em geral, crentes superficiais cuja fé não tem base sólida. Encarnam a figura exata daquela semente a que se refere a Parábola do semeador, que germinou no pedregulho, vindo a fenecer aos primeiros raios solares, porque não tinha raízes bastante profundas. Os sentidos nos levam a enganos e decepções sempre que desacompanhados do exame refletido e ponderado da razão.

Se Tomé fosse homem habituado ao raciocínio, tendo seguido e observado Jesus em sua peregrinação terrena, teria armazenado, em sua mente, dados e elementos mais que suficientes para não duvidar da promessa, sobretudo, do poder do Mestre para cumpri-la em seu devido tempo. A razão e a fé são forças morais que agem concomitantemente. S. Paulo definiu a fé como — "a dedução do que não conhecemos através do que conhecemos". Portanto, a fé nasce da observação. É fruto de dedução e indução, processos estes de investigações genuinamente pedagógicas, porque racionais. Esta operação mental é que Tomé não soube fazer. A fé que resulta dos sentidos, e só nos sentidos se apoia, é ilusória, é uma espécie de miragem que se vai desvanecendo à medida que a inteligência firma o seu império. Daí o motivo do ceticismo e da incredulidade reinantes em nossa época.

No estado vigente de evolução intelectual, torna-se necessário mostrar as grandes realidades da vida imortal por meio de comprovações e testemunhos compatíveis com o grau de desenvolvimento atingido pela Humanidade contemporânea. A época das imposições, do autoritarismo, das ameaças e terrores passou, para não mais voltar, em que pese aos seus partidários. O *magister dixit* [O mestre falou] não encontra eco na mentalidade nova do século. Os velhos métodos, ora caducos, precisam ser, e serão fatalmente substituídos, para que se consiga fazer luz no que respeita aos magnos problemas da vida e do destino, de cuja ignorância decorrem a rebelião, a intranquilidade e as perturbações sociais, hoje espalhadas por toda a face do nosso orbe.

Bem-aventurados os que não viram e creram — isto é, bem-aventurados os que fundam a sua crença não no prestígio tumultuário dos sentidos exaltados, mas na força serena e calma da razão. É sabido que a constante exaltação sensorial determina o eclipse da razão. Por isso, a fé cega produz efeito diametralmente oposto àquele que resulta da fé iluminada e racional. Esta aproxima o homem de Deus e da sua justiça, gera convicção e otimismo, enquanto aquela produz fanatismo e descrença.

Quando Jesus fez que Pedro afirmasse três vezes que o amava, anulando assim as três negativas com que aquele apóstolo, em tempo, o renegaria, acrescentou: "Se realmente me amas, apascenta as minhas ovelhas".

Esta expressão do Senhor, com relação aos pecadores, deve ser tomada no sentido afetivo e carinhoso, nunca, porém, na acepção de irracionais, de seres passivos que se movem tangidos pelo cajado de um ovelheiro ou zagal. A Humanidade não é um rebanho, mas uma família de Espíritos, embora de relativa evolução, cônscios, todavia, das suas responsabilidades, no uso e gozo das nobres faculdades herdadas do Pai Celestial, dentre as quais se sobreleva a razão.

Sempre que o Evangelho se reporta à fé, encarecendo o valor desta virtude, fá-lo considerando-a como a manifestação dum poder, duma força indômita capaz de obrar prodígios. "Se tiverdes fé como um grão de mostarda, direis aos sicômoros: transplantai-vos daí, e eles vos obedecerão. Direis às montanhas: arredai-vos dos vossos fundamentos, e elas atenderão ao vosso apelo".

Tais expressões figuradas revelam a natureza da fé preconizada pelo Mestre. Trata-se duma potência íntima, apta a remover dificuldades insuperáveis aos olhos do vulgo. Ora, essa máscula energia não é produto de geração espontânea. Há de ser, e realmente é, fruto de convicções muito profundas que constituíram objeto de prolongados estudos e de meditações acuradas.

"Tudo é possível àquele que crê" — eis outro aforismo evangélico de grande alcance filosófico. É preciso, porém, não julgar *a priori* tais sentenças, emprestando-lhes um significado miraculoso ou fantasmagórico. Crer não se resume em aceitar. Entre estes dois verbos há um abismo de distância. Aceitar é um ato de vontade mais ou menos discricionário. Crer é perceber, é sentir uma realidade; é função do raciocínio, é, numa palavra, ato de assimilação consciente. Notemos bem esta diferença. Quem se dispõe a aceitar uma doutrina qualquer pode fazê-lo independente da aquiescência da razão e até do bom senso. Motivos de ordem vária induzem, por vezes, o indivíduo a aceitar ou rejeitar este ou aquele postulado, esta ou aquela asserção. A autoridade alheia, por exemplo, leva muita gente a adotar princípios sobre esta ou aquela matéria. O espírito de imitação e as sugestões do meio são fatores que, a seu turno, contribuem para tal.

Crer, no seu sentido real, é coisa muito diversa. Ninguém pode crer no que não entende, naquilo que não passou pelo cadinho da sua razão, recebendo, por meio dessa faculdade, a devida confirmação. Crer é compenetrar-se, é saturar-se da evidência das coisas concebidas e estruturadas na retorta duma razão trabalhada e afeita aos processos de discernimento e julgamento. Quanto mais racional é a crença, tanto mais profundas e radicadas são as convicções que gera no Espírito. Quem realmente crê está certo da veracidade daquilo que constitui objeto da sua crença. Não vacila, não titubeia, mantém-se firme, coerente e consequente em sua conduta, quaisquer que sejam as emergências e conjunturas da vida.

A crença é resultado de esforço intelectual, nasce das meditações, das experiências por vezes amargas e dolorosas, do recolhimento e da concentração de esforços dos poderes anímicos na pesquisa e investigação dos fatos que nos interessam.

Aceitar não é crer, assim como comer não é o mesmo que digerir. Podemos aceitar dez, vinte, cem mistérios ou dogmas, tidos como infalíveis, mas não podemos crer em nenhum. Aceitar é ato passivo, não demanda esforço mental; é tudo quanto pode haver de mais fácil e vulgar. Na sociedade em que vivemos, aceita-se muita coisa por mera convenção, comodismo ou interesse. O fim visado não é encontrar a verdade: é satisfazer às variadas formas do orgulho humano e gratificar os sentidos. Proliferam, por isso, os elementos acomodatícios que procuram ajustar-se à máquina social, simulando o que são e dissimulando o que na realidade não podem deixar de ser. Em aceitar, pode haver ou não haver sinceridade. Aceita-se de boa ou de má-fé. Quem crê está invariavelmente convencido, há sempre sinceridade na crença veraz, por isso que resulta do entendimento pessoal, portanto, do foro íntimo onde pontifica a consciência.

Meditemos nestas particularidades. O homem pode ser forçado a aceitar, nunca, porém, a crer. O *aceitar* é dos lábios, o crer procede das profundezas da alma.

Mais um pormenor importante: Há notável diferença nos efeitos que resultam do crer e do aceitar. Os que creem reformam-se e se transformam continuamente. A fé é força incoercível que supera e remove todos os obstáculos, por maiores que sejam. Os que aceitam permanecem estacionários e petrificados, sem nenhuma alteração em seu estado e condições anteriores.

Tais são os motivos que justificam plenamente a sentença já comentada, do Divino Instrutor da Humanidade: Bem-aventurados os que não viram e creram.

Veneremos, pois, a razão, bendizendo a Deus por nos haver outorgado tão preciosa quão extraordinária faculdade. A luz do corpo são os olhos. A luz do Espírito é a razão. Aqueles, os órgãos visuais, veem o exterior que nos cerca; aquela, mediante a inteligência, vê o interior. E a verdade, como judiciosamente disse Flammarion, não está no que distinguimos com os sentidos. O que se observa no plano exterior são apenas reflexos e miragens. As realidades da Vida permanecem no interior, isto é, no invisível. O que vemos são efeitos cujas causas estão ocultas. Só a razão as pode perceber, só o coração as pode sentir. A razão é instrumento de Deus, para libertar e engrandecer as criaturas; a força e a astúcia são aprestos dos Césares de todos os tempos, que escravizam e envilecem os povos.

Proclamamos, com todo o entusiasmo e ardor que nos comunica a fé consciente que professamos e propagamos:

Salve, Razão! Três vezes salve! Farol brilhante, foco potentíssimo cujo esplendor e majestade procedem do Céu como a própria luz dos astros, como a mesma luz do Sol que ilumina, aquece e vivifica a Humanidade!

Ave Razão — guia da nossa inteligência, escudo de nossa vontade, reguladora do nosso sentimento!

A necessidade do momento

Na marcha de uma ideia, como na de um exército, cumpre observar com cuidado as necessidades que surgem em dados momentos, as quais nem sempre podem ser previstas e acauteladas previamente. Prever os imprevistos, isto é, contar com eles, faz parte das cogitações do bom estrategista. No desenrolar dos acontecimentos surgem problemas de cuja solução depende a vitória. Não é possível traçar, de antemão, planos completos, maciços e irredutíveis, porquanto circunstâncias ocasionais podem, por vezes, reclamar alterações que, desprezadas, comprometem o êxito da campanha.

A marcha ascensional dos ideais consubstanciados na Terceira Revelação está reclamando, no momento, certas medidas indispensáveis ao prosseguimento da luminosa pugna. Menosprezá-las importará não só em sustar a arrancada realizada, como em comprometer o terreno já conquistado.

Queremos referir-nos à premente necessidade de criarmos educandários espíritas, onde os nossos filhos continuem recebendo, a par das disciplinas escolares, as noções doutrinárias cujos rudimentos já tenham sido ministrados nos lares.

Toda obra, seja de ordem material ou espiritual, ergue--se, naturalmente, sobre alicerces. Tais sejam estes, tal será a segurança do edifício que se constrói. A obra da regeneração social deve começar na criança. Fazê-la partir de outro ponto é construir sobre base movediça e instável.

Nunca será ocioso lembrar que o alvo do Espiritismo está na iluminação interior das almas aqui encarnadas. Logrado este objetivo, todos os demais problemas serão solucionados sem delongas nem maiores dificuldades, de acordo com a magnífica visão de Jesus, quando disse: "Buscai em primeiro lugar o Reino de Deus e a sua justiça; tudo o mais vos será dado por acréscimo". (*Mateus*, 6:33.)

O Reino divino das realidades da vida encontra-se nos refolhos da consciência humana. Ensinar os homens a descobri-lo em si próprios, e por ele se orientarem, eis a magna questão. Tudo o mais é acessório. Ora, a missão da Doutrina dos Espíritos é precisamente essa: esclarecer, iluminar a mente do homem, de modo que ele descortine, com clareza, o roteiro que o conduzirá à realização do destino maravilhoso que lhe está reservado.

O programa espírita que se desvia deste carreiro não corresponde às finalidades reais da Doutrina. Nota-se entre os espiritistas a preocupação de realizar cometimentos que se imponham pela sua vultuosidade. Todos se empolgam na contemplação de edifícios e de monumentos, deste ou daquele gênero. Sem tirar o valor de tais empreendimentos, cumpre, contudo, notar que acima deles está a iluminação das consciências.

É verdade que esta obra não aparece, não se revela de pronto, de modo a satisfazer ao nosso açodamento em colher, desde logo, o fruto da nossa sementeira. Não nos preocupemos com isso. O que é nosso às nossas mãos virá, não importa quando nem onde. Cumpramos o dever que o momento impõe. Deus dará a cada um o que de direito lhe caiba.

Se procurarmos saber qual a grande carência do mundo, neste momento angustioso que ora passa, chegaremos à conclusão de que a sua suprema necessidade é — *compreensão*. Se os homens tivessem compreensão, entender-se-iam facilmente, desaparecendo as causas da separação que os divide e infelicita.

À Terceira Revelação está destinada a missão de projetar na razão humana as claridades divinas.

A época em que estamos requer abnegação, renúncia e trabalho.

Com esses elementos, a Doutrina dos Espíritos consumará sua obra de regeneração individual e social.

O Espiritismo, para vencer, não precisa de vultosas somas; não precisa do bafejo dos grandes e poderosos da Terra; não precisa de numerosos prosélitos: basta que possa contar com o coração das mães, com a autoridade paterna dentro dos lares e com a modesta colaboração do mestre-escola.

A Igreja Viva

"Onde se encontrarem dois ou três reunidos em meu nome, aí estarei eu no meio deles."

(MATEUS, 18:20.)

Eis como Jesus descreveu a sua igreja, na divina simplicidade que a caracteriza.

É universal, por isso que está onde quer que se reúnam dois ou três corações fiéis, invocando-lhe o nome.

Não tem chefe na Terra, visto como esse chefe é Jesus mesmo, cuja presença é implorada do Céu.

É Igreja Viva, porquanto resulta da comunhão espiritual dos crentes irmanados na mesma fé.

Independe de templos de pedra, feitura de mãos humanas, porque tem no Universo o seu eterno e majestoso tabernáculo.

O seu objetivo não é o domínio do mundo.

O seu reino não é deste plano. Por isso, não pretende posições de relevo ou destaque na sociedade terrena. Sua finalidade é tornar o homem livre, por meio da iluminação interior. "Onde há, pois, o Espírito do Cristo, aí há liberdade."

A força da Igreja Cristã se exerce no recôndito das almas. Sua influência reformadora verifica-se no indivíduo.

Age no recesso dos corações, purificando os sentimentos e plasmando os caracteres.

Seu culto é interno, de natureza toda espiritual. Nada tem de comum com o exibicionismo e as exterioridades gentílicas. Sua obra é silenciosa e construtiva; não explode em ruidosas manifestações. Remodela, transforma e aperfeiçoa o Espírito.

Ninguém poderá dizer sobre a Igreja de Jesus: *"Ei-la acolá! Vede a sua pompa e o seu fastígio"*, por isso que os esplendores de sua luz estão no interior do homem, cuja razão ela ilumina e cuja consciência santifica.

Tais são os característicos inconfundíveis da Igreja Cristã, revelados hoje pelos "Espíritos do Senhor, que são as virtudes do Céu".

Quem tiver olhos de ver, veja.

Evolução e educação

Educar é tirar do interior. Nada se pode tirar onde nada existe. É possível desenvolver nossas potências anímicas, porque realmente elas existem no estado latente. A evolução resulta da involução. O que sobe da terra é o que desceu do céu.

A diferença entre o sábio e o ignorante, o justo e o ímpio, o bom e o mau, procede de serem, uns, educados; outros, não. O sábio se tornou tal, exercitando com perseverança os seus poderes intelectuais. O justo alcançou santidade cultivando com desvelo e carinho sua capacidade de sentir. Foi de si próprios que eles desentranharam e desdobraram, pondo em evidência aquelas propriedades, de acordo com a sentença que o Divino Artífice insculpiu em suas obras: "Crescei e multiplicai".

A verdade não surge de fora, como em geral se imagina: procede de nós mesmos. "O Reino de Deus (que é o da Verdade) não se manifestará com expressões externas, por isso que o Reino de Deus está dentro de vós." Educar é extrair do interior e não assimilar do exterior. É a verdade parcial, que está em nós, que se vai fundindo gradativamente com a verdade total que tudo abrange. É a luz própria, que bruxuleia em cada ser, que vai aumentando de intensidade à medida que se aproxima do Foco Supremo, donde proveio. É a vida de cada indivíduo que se aprofunda e se desdobra em possibilidades quanto mais se identifica ele com a Fonte perene da Vida Universal. "Eu vim a este mundo para terdes vida, e vida em abundância."

O juízo que fazemos de tudo quanto os nossos sentidos apreendem no exterior está invariavelmente de acordo com as nossas condições interiores. Vemos fora o reflexo do que temos dentro. Somos como a semente que traz seus poderes germinativos ocultos no âmago de si própria. As influências externas servem apenas para despertá-los.

Educar é evolver de dentro para fora, revelando, na forma perecível, a verdade, a luz e a vida imperecíveis e eternas, por isso que são as características de Deus, a cuja imagem e semelhança fomos criados.

Perdão
(reflexões)

Deus tem o seu modo de perdoar, cuja sabedoria escapa à apreciação de muita gente.

Ele perdoa concedendo ao devedor ou culpado prazo ilimitado, e facultando-lhe meios e possibilidades de resgatar o débito.

Ora, que mais pode desejar um devedor honesto e probo?

Seria, acaso, preferível que Deus dispensasse os devedores do pagamento de suas dívidas?

Certamente que não, por dois motivos ponderáveis.

Primeiro, porque é muito mais digno e nobre para o devedor pagar o seu débito do que eximir-se desse dever por complacência, misericórdia ou compaixão do credor.

Quem salda seus compromissos, ainda que com dificuldades e sacrifícios, sente-se bem com a consciência e percebe em si mesmo um certo valor até então desconhecido.

Outra razão não menos digna de nota é a seguinte: na luta empregada para reparar a culpa cometida, o Espírito desenvolve seus poderes de maneira que, no fim da refrega, se sente com suas faculdades aumentadas, e, não raro, desdobradas em novas capacidades. Os conhecimentos adquiridos por meio das experiências enriquecem seu patrimônio intelectual e lhe santificam o coração onde novéis e excelentes sentimentos desabrocham.

A verdade realmente apreendida é aquela que sentimos. E só podemos sentir a verdade mediante as experiências.

Pelo amor e pela dor, isto é, recebendo o ósculo santo da graça divina — que é a expressão do amor — e suportando as conseqüências amargas e doridas das nossas culpas, erros e leviandades, é que lograremos subir a escada de Jacó que, deste mundo, nos transportará aos tabernáculos eternos.

Não nos iludamos com falaciosas promessas, pois que *a cada um será dado segundo as suas obras*.

Quando Jesus disse ao paralítico: "Tem bom ânimo, os teus pecados estão perdoados" — referiu-se ao termo de sua expiação. Os fariseus, ignorando, como muitos ainda ignoram, a relação que existe entre a enfermidade, ou a dor sob qualquer modalidade, e o pecado, insurgiram-se contra a frase de Jesus, alegando: Quem pode perdoar pecados senão Deus?

O Mestre, para provar-lhes que não havia proferido palavras vãs, acrescentou: "Qual é mais fácil dizer: teus pecados estão perdoados, ou dizer: levanta-te e anda?" Voltando-se em seguida para o paralítico, ordenou: "Levanta-te e anda". E o paralítico obedeceu.

Pecados perdoados, portanto, significa — culpas expiadas, dívida paga, passado ressarcido.

Deus perdoa sempre, porém, como já ficou dito acima, sua maneira de perdoar consiste em conceder prazo largo, e, ao mesmo tempo, proporcionar ao devedor todas as possibilidades e meios de pagamento.

É tudo quanto pode ambicionar o devedor honesto e probo.

Tal é a verdade.

O problema do destino

O problema do nosso destino não se reduz a evitar pseudocastigos e obter imaginárias recompensas, neste ou noutros mundos. Semelhante conceituação é de cunho genuinamente egoísta.

Ora, aquele problema, que tão de perto nos afeta, só pode ser solucionado mediante o cultivo do sentimento oposto, que é o amor.

Para vivermos bem, precisamos ter uma certa compreensão da finalidade da vida. Essa finalidade é o amor. Os tropeços e percalços, as refregas e as lutas, a dor sob seus multiformes aspectos, como também os prazeres e triunfos mais ou menos efêmeros que logramos alcançar, são ensinamentos e experiências, são processos educativos, geralmente mal-interpretados, os quais têm por escopo conduzir-nos ao amor, portanto, à finalidade da vida.

O "porquê" da vida é o amor; e o "porquê" do amor é Deus. A vida leva ao amor e o amor conduz a Deus. Essa trajetória chama-se evolução. Evolução é renovação. A parte individual que nela tomamos denomina-se educação, ou melhor, autoeducação.

Uma vez descoberto esse objeto, o destino vai-se cumprindo, desde então conscientemente; e nós, longe de embaraçarmos o seu curso natural, como ora sói acontecer, dar-lhe-emos todo o nosso apoio a fim de que o mesmo se consuma, na eternidade do tempo e na infinidade universal.

Esclarecido assim o senso da vida, teremos desvendado o mistério do destino, encontrando, a seu turno, a desejada felicidade.

No princípio era o Verbo

Mateus, reportando-se à individualidade do Divino Enviado, tratou de sua genealogia terrena, partindo de Abraão, em ordem descendente, até José, contando 42 gerações.

Lucas refere-se às particularidades que rodearam o seu nascimento em Belém de Judá, num estábulo abandonado, tendo por berço tosca e rude manjedoura.

Marcos apresenta o Mestre já em contato com o Batista, iniciando sua missão exemplificadora.

João deixa de parte tudo quanto se liga à forma material com que o Messias se apresenta no cenário humano, para considerar o seu Espírito, isto é, o "ser" propriamente dito, sede da inteligência, do sentimento e de todas as faculdades psíquicas, dizendo: "No princípio era o Verbo, e o Verbo estava com Deus, e o Verbo era Deus".

Verbo é a palavra por excelência, visto que enuncia a ação. Jesus é o Verbo paradigma por onde todos os verbos serão conjugados. É o modelo, é o exemplo, é o caminho cujo percurso encerra o destino de toda a infinita Criação. "Ninguém vai ao Pai senão por mim."

"Aos que crerem em seu nome, deu Ele o direito de se tornarem filhos de Deus; os quais não nasceram do sangue, nem da vontade da carne ou do homem, mas sim de Deus."

Como Ele, todos nós no princípio éramos o Verbo. A fonte única da vida é Deus. "Nele vivemos, nos movemos e existimos, porque dele somos linhagem." A vida manifesta-se através da forma que encerra a luz. "Somos de ontem e ignoramos." "Sei donde vim e para onde vou; vós, porém, não sabeis." Antes que tivéssemos consciência do que somos, já éramos. A alma é imortal, porque eterna. *O cogito, ergo sum* não constitui o início, mas, apenas, um dos marcos da evolução.

Assim como a criança é objeto de cuidados e desvelos antes de possuir noção de sua existência, antes mesmo de nascer, assim os seres já estão contidos no pensamento de Deus desde toda a eternidade. "Vede as aves do céu que não semeiam nem ceifam; que não têm despensa nem celeiros; no entanto, o vosso Pai Celestial as alimenta. Vede os lírios do campo, que não fiam nem tecem; nada obstante, vestem-se com mais pompa que os áulicos de Salomão".

***

Não haveria evolução, se não houvesse previamente involução. O que sobe da Terra é o que desceu do Céu. O Criador e a criação coexistem, são eternos. "O Pai sempre agiu, nunca cessa de agir." Tudo é solidário no Universo; sóis, planetas e seres. O geocentrismo e o antropocentrismo são nuvens que obscurecem os horizontes da verdade sobre a origem do homem e dos mundos.

A vida, na Terra, começou em certa substância gelatinosa que se encontra no seio do oceano. "Produzam as águas reptis de alma vivente e aves que voem sobre a Terra. Criados, pois, foram os grandes peixes e todos os animais que têm vida e movimento, os quais foram produzidos pelas águas, cada um segundo suas espécies, e todas as aves segundo o seu gênero."

Donde procederia essa alma vivente que, saindo das profundezas do mar, povoou o globo terráqueo de todos os seres que o habitam, da monera ao homem? Geração espontânea? Essa hipótese não figura mais no cartaz por ser destituída de critério e bom senso. João Evangelista responde ao quesito em apreço, numa linguagem transcendente, mas simples, como simples é toda verdade: "No princípio era o Verbo, e o Verbo estava com Deus, e o Verbo era Deus".

Até hoje, vinte séculos decorridos, a Ciência não disse mais nem melhor.

Os quatro evangelistas narram o maravilhoso feito operado pelo Mestre multiplicando cinco pães e dois peixes, de modo a satisfazer uma multidão faminta composta de quase cinco mil homens, não contando mulheres e crianças.

A multiplicação dos pães

O caso impressionou profundamente os discípulos, razão por que os quatro Evangelhos a ele se reportam. Realmente, tratando-se do problema do pão, que é o problema da Humanidade, constituindo o pivô em torno do qual vêm girando, em todos os tempos, as atividades e as agitações humanas mais acentuadas, justifica-se aquela particularidade.

Tomemos o relato de Marcos (6: 32 a 44) para nossa meditação:

> E foram, Jesus e seus discípulos, num barco, para um lugar deserto, em particular. Mas a multidão, vendo-os partir, muitos o reconheceram, e correram para lá a pé, de todas as cidades, e chegaram primeiro do que eles.
>
> E Jesus, vendo a grande multidão, *teve compaixão* dela, pois parecia um rebanho sem pastor. Começou, então, a *ensinar-lhes muitas coisas.*
>
> Como o dia fosse já adiantado, os discípulos, chegando-se ao Senhor, disseram-lhe: Este lugar é deserto, e o dia já declina; *despede essa gente,* para que, indo às aldeias circunvizinhas, comprem pão, pois aqui não há o que comer.
>
> Jesus respondeu: *Dai-lhes vós de comer.* E eles retrucaram: Iremos nós, então, comprar duzentos denários de pão para lhes dar de comer? — Disse o Senhor: Quantos pães tendes? Ide ver. E, verificando eles, informaram: *Apenas cinco pães e dois peixes.*
>
> Ordenou-lhes Jesus que fizessem assentar a todos, em ranchos, sobre a relva verde. E assentaram-se, repartidos de cem em cem

e de cinquenta em cinquenta. E tomando Jesus os cinco pães e os dois peixes, *levantou os olhos ao Céu*, abençoou e partiu os pães, e deu-os aos discípulos para que os distribuíssem. E repartiu também os dois peixes para todos.

E todos comeram, e se fartaram, sobrando ainda doze cestos cheios de pedaços de pão e de peixes. E os que comeram eram quase cinco mil homens, não contando mulheres e crianças.

O Mestre, chamando os seus, retirou-se com eles, numa barca, para um sítio distante a fim de repousar. Mas o povo, reconhecendo-o, rumou, por atalhos, para onde Ele se dirigia, chegando primeiro. Jesus, contemplando aquela multidão ignara, sofredora, enferma e faminta, moveu-se de grande compaixão. Ao influxo desse sentimento que o absorvia, o Filho de Deus começou a agir, esquecendo o repouso que buscara. Dando início às providências que julgou corresponder às necessidades prementes daqueles párias, ensinava-lhes muitas coisas. Começou, pois, abrindo brechas de luz naquelas mentes entenebrecidas, porque bem sabia que todos os sofrimentos, privações e vicissitudes que flagelam os homens procedem da ignorância da verdade.

As primeiras sombras da noite desenhavam-se já no horizonte, e o Senhor prosseguia no desempenho da sua missão, ensinando e atendendo os enfermos que lhe imploravam a cura das suas mazelas. Nesse passo vieram os discípulos dizer-lhe: "Mestre, o dia já vai adiantado, e este lugar é deserto; despede, portanto, o povo, para que procure as aldeias mais próximas onde todos poderão alimentar-se, porque, aqui, não há o que comer." Retruca Jesus, com precisão: "Dai-lhes vós de comer".

Como vemos, os apóstolos não tinham ainda a noção da maneira como haviam de colaborar com o Mestre na obra da redenção. A tarefa que lhes estava destinada era precisamente a de despenseiros do pão da vida, desse pão que sintetiza todas as legítimas necessidades do homem, considerado sob sua dupla natureza: humana e divina. Como, pois, eles, os celeiros ambulantes do trigo celeste alegavam que ali não havia recurso para atender aos reclamos da multidão? O imperativo do Senhor — dai-lhes vós de comer — encerra implicitamente o papel que compete aos discípulos do Mestre desempenhar, em todas as épocas da Humanidade. Mas os homens louvam-se sempre na impressão dos sentidos. Tratava-se, segundo supunham, dum caso positivamente material: dar de comer à multidão que tinham diante dos olhos. Onde encontrar pão para tanta gente? Duzentos denários, alegavam, não bastariam para resolver a situação. Eles não sabiam que, em verdade, não existem problemas materiais, todos são espirituais, e que só espiritualmente se resolvem, mesmo aqueles que mais de perto se relacionam com a carne e com o sangue. Laboravam no velho erro de que é com dinheiro, e só com dinheiro, que se soluciona o problema do pão. Jesus mostrou-lhes que está no sentimento, e não no cálculo, a incógnita do magno problema que tinham diante de si. Ele teve compaixão da turba famélica. Compaixão é uma das modalidades do amor; e é só com amor que se resolverão os problemas da Humanidade. Amor é luz, é sabedoria, é poder. Enquanto os homens se guiarem pelo egoísmo, viverão, como até aqui tem sucedido, na confusão e no caos. Serão pobres, fracos, doentes e incapazes no seio da abundância, da riqueza e da força.

Aos discípulos, contemplando os famintos, só ocorreu um pensamento: despedi-los, descartar-se deles, uma vez que o mal era irremediável. Mas o Mestre não pensou assim. É preciso que essa gente seja alimentada: *Dai-lhes vós de comer!*

Não havia ali dinheiro, esse elemento considerado como a chave de todas as questões terrenas. Havia, no entanto, alguém que trazia consigo cinco pães e dois peixes. Mas que representa essa migalha, tratando-se de saciar cinco mil estômagos vazios? É nada e é muito. É nada, considerando como propriedade de um indivíduo. É muito, é tudo quando posto ao serviço da causa comum, do bem de todos, da felicidade coletiva. Assim o demonstrou o Mestre. "Trazei-me aqui esses cinco pães e dois peixes", disse Ele. Tomando-os em suas mãos, abençoou-os e deu graças. Através desse gesto de reconhecimento e gratidão àquele que nos dá o "pão nosso de cada dia", consumou-se o *milagre* da multiplicação dos pães, tal como se dá no seio da terra, com a germinação da semente. O pão é a vida: desce do céu, não sobe dos campos.

Aos homens, em sua vaidade, passa despercebido esse milagre cotidiano, pois eles julgam que o grão se reproduz mercê do seu esforço e trabalho no amanho do solo, esquecidos de que a germinação se opera à sua inteira revelia, como sói, aliás, acontecer com a transubstanciação do pão em sangue, fenômeno este para o qual eles tampouco contribuem, antes, por vezes, o perturbam, com excessos, vícios e artificialismos.

O dia em que os homens, tomando em suas mãos o pão, cientes e conscientes donde ele vem, levantarem os olhos ao céu, não haverá mais fome, pobreza e miséria no mundo. Saberão distribuí-lo como já sabem produzi-lo. Não basta que as leiras fecundas realizem continuamente o milagre, é necessário que haja olhos de ver, inteligência de entender e coração capaz de sentir — para que o debatido problema do pão seja solucionado de vez, deixando de ser causa de conflitos, ódios e guerras.

A solidariedade é a vara mágica que transforma a carestia em abundância, visto como importa no ajustamento à lei soberana e universal que tudo regula e equilibra.

Propositadamente deixamos para o fim o que para muitos encerra maior importância em virtude de afetar profundamente os sentidos: como Jesus conseguiu realizar a maravilha ora em apreço. Teria sido por sugestão? Os homens realizam verdadeiros prodígios por esse meio. O que não poderia lograr o Mestre com o seu extraordinário magnetismo pessoal? De outra sorte, o que sabemos nós sobre a manipulação e combinação de fluidos? Já disse Flammarion que aquilo que vemos é feito do que não vemos. A água resulta da combinação, em determinadas proporções, de dois gases fora do alcance da nossa visão. Não passa ela do estado líquido para o sólido, baixando a zero a sua temperatura? E para o de vapor, elevando essa temperatura a cem graus? A temperatura influi na vibração dos átomos e com essa alteração modifica-se o estado da matéria.

Jesus, pois, não infringiu nenhuma lei. Jogou apenas com possibilidades desconhecidas dos homens. O seu estupendo poder deriva do seu imenso saber. "E tudo que eu faço vós podeis fazer" (*João*, 14:12), assevera Ele. Esta assertiva importa em declarar que todas as suas obras foram executadas de acordo com as Leis Naturais.

O dom de Deus

"Como, sendo tu judeu, pedes de beber a mim, que sou mulher samaritana? Respondeu Jesus: 'Se tu conhecesses o dom de Deus e quem é o que te pede de beber, tu, antes, lhe terias pedido e ele te daria da água-viva'."

(João, 4:9 e 10.)

A mulher de Samaria escandalizou-se de o judaísmo de Jesus não impedi-lo de comunicar-se com a filha duma tribo considerada inimiga e da qual os judeus viviam divorciados por questões de ordem política e religiosa, a ponto de não se comunicarem. A essa admiração, o Mestre retruca com estas palavras de profundo alcance. Se tu conhecesses o dom de Deus, e quem é que te pede de beber, etc.

Realmente a Samaritana ignorava a existência da maior de todas as mercês que o Pai Celestial prodigaliza a seus filhos, que é o amor; como também não sabia que aquele com quem ela falava era precisamente o veículo divino através do qual nos foi concedida a celeste dádiva, conforme acertadamente disse João, o evangelista: "A lei veio por Moisés, mas a Verdade e a Graça (que é amor) vieram por Jesus Cristo". (*João*, 1:17.)

Na ignorância desse fato de suma importância, vive a maioria dos homens. Daí as rivalidades, a inveja, as contendas e as lutas fratricidas que entre eles reinam. Não se habilitam a receber o dom de Deus, por isso não chegam jamais a se compreenderem.

A Verdade veio justamente com a graça, isto é, com o amor, e os homens pretendem encontrá-la hostilizando-se mutuamente! A condição precípua para descobrir-se a verdade é buscá-la com amor. Só vivem na verdade os que vivem no amor.

Ora, as atitudes agressivas e as palavras contundentes são geradas do desamor, por isso que "a boca fala do que está cheio o coração" Portanto, como resolver as questões que interessam à Humanidade, se os homens permanecem em estado de mútua e contínua agressão?

Judeus e samaritanos não se entendiam, porque eram de tribos rivais, predominando entre eles o fermento do ciúme, que gera a malquerença. Os samaritanos rejeitavam os livros proféticos, porque estes prediziam a vinda do Messias, procedendo do tronco de Judá. Os judeus, cheios de jactância, julgavam-se, por isso, o povo eleito, os únicos escolhidos e dignos dos favores e da assistência do Alto. A inveja de uma facção se chocava com a presunção de outra, mantendo separadas e inimigas as duas tribos irmãs.

Mutatis mutandis [Com as devidas alterações], é o que ainda sucede no cenário terreno, entre os que militam em todos os campos de atividade, principalmente nos setores da política e da religião. Desprovidos do *dom de Deus*, por isso que não o pedem nem o procuram, todos tratam de digladiar-se, enfunando as velas da vaidade própria, através dos pontos de vista que defendem.

Quando Jesus se dirigiu à Galileia, havia deixado a Judeia exatamente porque notara ali certa rivalidade entre seus discípulos e os do Batista. Foi no decurso dessa viagem que o Senhor, passando por Sicar, assentou-se à beira do poço de Jacó, enquanto os seus foram a Samaria comprar alimentos.

"O Cordeiro de Deus que tira o pecado do mundo" meditava nas grandes dificuldades com que toparia para erradicar o egoísmo das profundezas da alma humana, quando chegou a Samaritana, com seu cântaro, a buscar água. O sábio Mestre se prevalece da oportunidade para entabular com ela o diálogo donde extraímos a frase ora comentada.

Dentre os muitos ensinamentos que a referida passagem encerra, destaca-se, de modo evidente, esse, que se reporta ao "dom de Deus", de cuja posse depende todo o nosso bem, presente e futuro, por isso que contém a chave com que solucionaremos todos os problemas que nos afetam.

Fiat lux

> "A Terra era vã e vazia; e as trevas cobriam a face do abismo... E disse, então, Deus: 'Faça-se a luz; e a luz foi feita.'"
>
> (GÊNESIS, 1:2 e 3.)

Assim como era a Terra no princípio, assim é hoje, espiritualmente, a sua sociedade, em que pese à presunção dos *super-homens* que a dirigem e orientam. As trevas envolvem a mente e os corações. No seio da Humanidade verifica-se a predominância daqueles dois traços que assinalaram os tempos primitivos; tudo é *vão e vazio*.

Os magnos problemas sociais são ventilados através dos séculos e dos milênios. Sobre cada um deles avoluma-se uma avalancha de teorias e opiniões eivadas do personalismo dos seus respectivos autores. Muito se discute e muito se controverte. Nada obstante, os referidos problemas continuam insolúveis. A enfermidade e a dor, sob seus multiformes aspectos, continuam a todos flagelando. A miséria, o vício e o crime se alastram e se multiplicam como vivo protesto à decantada civilização hodierna. A guerra cruenta, impiedosa e bárbara prossegue seu curso, como outrora, na sua faina devastadora, espalhando a morte e a desolação por quase toda a face do planeta. O direito brutal da força predomina sobre a força serena do direito. A materialidade reinante abafa o surto de espiritualismo onde quer que ele ouse levantar o seu brado de protesto ou de alarme. *As trevas cobrem a face do abismo!*

Urge que, de novo, o Divino Verbo profira a excelsa sentença através dos arautos celestes. *Fiat lux!* Sim, faça-se a luz, no íntimo das almas que habitam o orbe terráqueo. Somente mediante tal acontecimento se logrará reformar o mundo, substituindo-se os usos e costumes selvagens pelos hábitos e maneiras consentâneas com os precípuos postulados da verdadeira civilização. As providências tomadas fora deste programa não passam de paliativos e remendos, com resultados muito relativos. Não será, jamais, com "Fly-tox" que se extinguirão os mosquitos, mas sim com medidas higiênicas de saneamento do solo onde aqueles insetos encontram meio propício à sua proliferação. Enquanto as *trevas cobrirem a face do abismo*, a Terra continuará sendo o teatro de lutas fratricidas, ambiência propícia à eclosão do crime e do vício, da miséria e da enfermidade. Os homens têm curado de tudo que concerne à matéria, relegando o Espírito para plano secundário. Vestiram o corpo de púrpura e de linho finíssimo, deixando a alma esfarrapada, seminua, coberta de andrajos e molambos. Escolas que moralizem e instruam, educando o coração e o cérebro da nossa infância e da nossa juventude — eis a grande, a maior de todas as necessidades reclamadas pelo momento que atravessamos.

"Se é triste", disse Victor Hugo, "ver um corpo morrendo por falta de pão, mais triste ainda é ver uma alma estiolando por falta de luz."

Fiat lux! Dissipem-se as trevas que cobrem a *face do abismo* em que a materialidade do século precipitou o nosso orbe. Tudo o mais nos será dado de graça e por acréscimo.

Deus na Natureza

Grande estultícia é pedir provas da existência de Deus. Jesus, por vezes, se reporta a certa categoria de olhos de ver. Quer isto dizer que há olhos que não são de ver. Certamente os olhos da carne são os dessa espécie, enquanto os do Espírito, ou da razão, são os daquela outra. Os desprovidos deste gênero de vista são os que ainda não viram Deus.

Para os cegos, tudo se acha mergulhado em trevas, mesmo que o Sol esteja a pino. A cegueira espiritual explica a anomalia de que padecem os que não encontram Deus. Eles veem tudo que os rodeia com aqueles olhos com que o analfabeto vê as letras de um livro aberto. O mundo com suas estupendas maravilhas, a Natureza toda, desdobrando-se em infinitas e deslumbrantes variedades, os impressiona tanto como os belos poemas sob os olhares obtusos daqueles que ignoram os mistérios arrebatadores dos símbolos alfabéticos.

E só assim se compreende o motivo por que existem céticos e ateus. A presença do Ser Supremo em tudo se revela. "Nele estamos, vivemos e nos movemos." "Não credes que eu estou no Pai e o Pai está em mim?"

A Natureza é a sua perpétua revelação sob todos os prismas e aspectos. O macrocosmo e o microcosmo atestam a sua soberania. As duas faces da Natureza, a interior, que percebemos e sentimos em nosso íntimo, e a exterior, que se patenteia aos olhos do entendimento, são expressões positivas da sua manifestação. "Removei a pedra e lá me encontrareis. Deitai abaixo a árvore e ela falará por mim."

A Vida debaixo das suas multiformes aparências, movimentando, transformando e coordenando os três grandes reinos — mineral, vegetal e animal — num magnífico encadeamento evolutivo, constitui a excelsa demonstração da augusta presença da Causa Soberana donde procedem todos os efeitos.

Dentro e fora de nós, Deus é a primeira e a mais positiva realidade. Nos acontecimentos importantes da existência, como nas mínimas particularidades que de leve nos afetam, Ele se ostenta de modo inequívoco.

O sentimento e a beleza, a sabedoria e a Arte são expressões dos seus atributos que todo homem racional pode constatar e entender. Ele está em todos e em tudo, sendo a Verdade integral e única donde se destacam os fragmentos de todas as verdades parciais que a Humanidade conhece. Dele, ainda, promanarão todas as demais formas da Verdade infinita que os homens venham a lobrigar no transcurso dos séculos e dos milênios.

**

Quando o doente melhora, o facultativo geralmente diz que o seu organismo reagiu bem. A essa reação, que é obra da Natureza, deve-se a cura. E Deus está nessa Natureza. O sono prolongado e profundo constitui sinal evidente de que o enfermo vai recuperando a saúde perdida. No curso do sono, silenciosamente, sem ruídos nem alardes, a Natureza age reparando o organismo combalido, equilibrando as funções dos órgãos vitais. Deus está no poder construtivo e reformador da Natureza. Sua ação se opera no silêncio e no invisível, gerando efeitos que se tornam patentes no plano visível. Não há terapêutica capaz de produzir no corpo humano os prodigiosos benefícios do sono. E o sono é um imperativo da Natureza para que a sua atividade se exerça livremente, à revelia do homem.

A Natureza é o altar onde o Deus Vivo permanece entronizado no eterno presente.

***

Quando saboreamos uma fruta, quando fruímos um conforto, quando vencemos uma dificuldade, quando, enfim, realizamos uma velha aspiração, nossa alma sente necessidade de ser grata a alguém. Esse alguém é Ele, palpitando no sacrário do nosso coração.

A dor que vai, o bem que fica, a alegria que chega, a lágrima que consola, a esperança que anima, a fé que conforta, o amor que vivifica, redime e diviniza são expressões da graça de Deus tangendo as cordas dos nossos sentimentos, elevando o diapasão da nossa sensibilidade moral.

A Natureza é um livro aberto, cujas páginas descrevem, em caracteres animados, a excelência do Autor da Vida e Criador do Universo.

Infelizes dos analfabetos que não conseguem decifrar tão deslumbrantes e esplêndidos símbolos!

FEB editora
Livro espírita para um novo mundo
www.febeditora.com.br
@febeditoraoficial
@febeditora

Conselho Editorial:
Carlos Roberto Campetti
Cirne Ferreira de Araújo
Evandro Noleto Bezerra
Geraldo Campetti Sobrinho – Coord. Editorial
Jorge Godinho Barreto Nery – Presidente
Maria de Lourdes Pereira de Oliveira
Miriam Lúcia Herrera Masotti Dusi

Produção Editorial:
Elizabete de Jesus Moreira

Capa:
Agadyr Torres Pereira

Projeto Gráfico:
Dimmer Comunicações Integradas

Normalização Técnica:
Biblioteca de Obras Raras e Documentos Patrimoniais do Livro

Esta edição foi impressa no sistema de Impressão pequenas tiragens, em formato fechado de 140x210 mm e com mancha de 100x170 mm. Os papéis utilizados foram o Off white 80 g/m² para o miolo e o Cartão 250 g/m² para a capa. O texto principal foi composto em Minion Pro 12/14,4 e os títulos em StoneSerif-Italic 24/24. Impresso no Brasil. *Presita en Brazilo.*